# CONVIÉRTETE EN UN JOVEN ATLETA RESILIENTE

UNA GUÍA PRÁCTICA PARA CULTIVAR LA FORTALEZA MENTAL, LA CONFIANZA EN UNO MISMO Y UNA MENTALIDAD DE CRECIMIENTO ANTE LOS ÉXITOS Y REVESES DEL DEPORTE JUVENIL

## CAROL ROBINS

© **Copyright Carol Robins 2024 - Todos los derechos reservados.**

El contenido de este libro no puede ser reproducido, duplicado ni transmitido sin el permiso expreso y por escrito de la autora o de la editorial.

Bajo ninguna circunstancia se podrá responsabilizar legalmente a la editorial o a la autora por daños, reparaciones o pérdidas económicas resultantes de la información contenida en este libro, de forma directa ni indirecta. Tú eres responsable de tus propias elecciones, acciones y resultados.

**Aviso legal:**

Este libro está protegido por derechos de autor y es sólo para uso personal. No es posible modificar, distribuir, vender, utilizar, citar o parafrasear ninguna parte del contenido de este libro, sin el consentimiento de la autora o de la editorial.

**Aviso de exención de responsabilidad:**

Ten en cuenta que la información contenida en este documento ha sido recopilada para proporcionar asesoramiento general y no sustituye al asesoramiento personalizado y profesional. Se ha hecho todo lo posible para presentar una información precisa, actualizada, confiable y completa. No se declaran ni se implican garantías de ningún tipo.

Al leer este documento, el lector acepta que, bajo ninguna circunstancia, la autora será responsable de ningún daño, pérdida, directa o indirecta, que se produzca como resultado de la aplicación de la información contenida en el mismo, incluidos, entre otros, errores, omisiones o inexactitudes.

El contenido de este libro procede de diversas fuentes. Los lectores deben ser conscientes de que la aplicación de las técnicas tratadas en este documento puede variar en función de los niveles de destreza individual y de la capacidad física, y puede no ser apropiada para todos. Se recomienda encarecidamente a los lectores que consulten con un entrenador profesional o con otros profesionales del deporte o de la salud debidamente calificados antes de intentar cualquier práctica descrita en este libro.

## ELOGIOS PARA CAROL ROBINS

Como entrenadora del equipo olímpico en dos ocasiones, sé por experiencia propia que la fortaleza mental y la resiliencia son cualidades innegociables en los deportes de alto rendimiento. En el atletismo, donde una fracción de segundo puede marcar la diferencia entre una victoria, una marca personal o una oportunidad perdida, la capacidad de mantener la concentración y superar la adversidad es tan importante como el entrenamiento físico. *Conviértete en un joven atleta resiliente* es una lectura obligada para cualquier aspirante a atleta juvenil que quiera aprovechar el poder de su mente en esos momentos cruciales.

En esta guía perspicaz y práctica, la autora, Carol Robins, aborda a la perfección los principios básicos de la fortaleza mental, dotando a los jóvenes deportistas de las herramientas necesarias para fomentar la confianza, aceptar los contratiempos como oportunidades de aprendizaje y desarrollar una mentalidad de crecimiento. Las estrategias esbozadas en este libro son esenciales para que los jóvenes deportistas no sólo sobrevivan a las presiones de la competición, sino que realmente prosperen, permitiéndoles alcanzar su máximo potencial dentro y fuera del campo.

Lo que distingue a este libro es la profunda comprensión de Carol de los desafíos mentales a los que se enfrentan los atletas. Desde lidiar con la montaña rusa emocional de victorias y derrotas hasta enfrentarse a lesiones y otros contratiempos, su enfoque exhaustivo está basado en la experiencia. Recomiendo encarecidamente este libro a jóvenes atletas, padres y entrenadores por igual: sin duda tendrá un impacto duradero en su trayectoria deportiva.

**- Melissa Smith**

*Entrenadora del equipo olímpico de atletismo*

# ÍNDICE

| | |
|---|---|
| ¡COMENCEMOS! | 9 |
| 1. LA BASE DE LA FORTALEZA MENTAL | 13 |
| La Psicología Del Ganador: La Mentalidad Importa | 13 |
| Mentalidad De Crecimiento: La Clave Para La Mejora Continua | 16 |
| El Rincón De Los Padres: Mentalidad De Crecimiento | 20 |
| Superar El Miedo Al Fracaso | 21 |
| Establecimiento De Objetivos De Aprendizaje | 22 |
| ¡Mantén La Curiosidad, Mantén La Pasión! | 24 |
| El Rincón De Los Padres: Curiosidad | 24 |
| Identifica Tus Fortalezas Internas Y Tus Puntos Débiles | 25 |
| La Ciencia Detrás Del Estrés Y El Rendimiento | 27 |
| Técnicas De Manejo Del Estrés | 28 |
| Cultivar La Resiliencia: Lecciones De Los Atletas De Élite | 30 |
| Desarrollar La Resiliencia | 34 |
| El Rincón De Los Padres: Resiliencia | 36 |
| Capítulo Uno: Tres Puntos Clave En Los Que Debo Trabajar | 38 |
| 2. DESARROLLA TU PLAN DE JUEGO MENTAL | 39 |
| Cómo Establecer Objetivos Smart | 40 |
| Objetivos A Corto Y Largo Plazo | 44 |
| Objetivos De Proceso, Rendimiento Y Resultado | 46 |
| Seguimiento De Los Progresos | 47 |
| Superar Barreras Y Bloqueos Mentales | 48 |
| El Rol De La Preparación Mental | 51 |
| Visualización | 53 |
| El Rincón De Los Padres: Visualización | 58 |
| El Poder De La Rutina | 59 |
| Capítulo Dos: Tres Puntos Clave En Los Que Debo Trabajar | 61 |
| 3. TÉCNICAS PARA EL ENTRENAMIENTO DIARIO | 63 |
| El Poder De La Autoconversación Positiva | 64 |
| Cuatro Tipos De Autoconversación | 67 |

|  |  |
|---|---|
| Diario De Entrenamiento | 69 |
| Aprovechar Los Beneficios De La Atención Plena Y La Meditación | 71 |
| Técnicas De Meditación | 75 |
| Ejercicios De Respiración Para Controlar La Ansiedad Y El Estrés | 76 |
| Cuatro Técnicas De Respiración Para Jóvenes Atletas | 77 |
| Establecer Una Mentalidad De Entrenamiento Coherente | 79 |
| Capítulo Tres: Tres Puntos Clave En Los Que Debo Trabajar | 80 |
| 4. APLICAR LA FORTALEZA MENTAL EL DÍA DE LA COMPETICIÓN | 81 |
| Preparación Previa A La Competición: Pon Tu Mente En La Zona | 81 |
| Rutinas Previas A La Competición | 83 |
| Comunicación Eficaz En El Equipo | 85 |
| Mantener La Calma Y La Serenidad En Momentos De Gran Presión | 87 |
| Gestionar Los Errores Y Avanzar | 91 |
| El Poder De La Perspectiva | 93 |
| El Arte De La Remontada: Revierte La Situación | 93 |
| La Asombrosa Remontada De Rafael Nadal - Gran Final Del Abierto De Australia 2022 | 96 |
| Celebrar El Éxito Y Aprender De La Derrota | 98 |
| Capítulo Cuatro: Tres Puntos Clave En Los Que Debo Trabajar | 100 |
| 5. SUPERAR LOS MIEDOS Y LA ANSIEDAD | 101 |
| Estrategias Para Superar El Miedo Y La Ansiedad | 102 |
| Presiones Externas | 106 |
| Estrategias Para Hacer Frente A La Presión Externa | 108 |
| Construir Confianza Después De Un Revés | 109 |
| Pasos Para La Recuperación | 109 |
| El Rincón De Los Padres: Aprender De Los Contratiempos | 110 |
| El Regreso De Una Lesión | 111 |
| El Rincón De Los Padres: Lesiones | 113 |
| Capítulo Cinco: Tres Puntos Clave En Los Que Debo Trabajar | 114 |

ESTUDIO DE CASO 1: DE LAS GRADAS AL CENTRO DE LA CANCHA - LA HISTORIA DE RUBEN BORG — 115

6. MANEJAR LA CRÍTICA Y LA RETROALIMENTACIÓN — 127
   Crítica Constructiva Vs. Retroalimentación Negativa — 128
   Cómo Gestionar Las Críticas Negativas — 129
   El Superpoder De Stephen Curry — 130
   Debriefing — 132
   Rincón Del Entrenador: Debriefing — 133
   Conversaciones Difíciles Con Entrenadores Y Compañeros De Equipo — 135
   Capítulo Seis: Tres Puntos Clave En Los Que Debo Trabajar — 137

ESTUDIO DE CASO 2: DE TALENTO LOCAL AL ÉXITO INTERNACIONAL - EL VIAJE DE KAI CALDERBANK-PARK — 139

7. ENTRENADORES, COMPAÑEROS DE EQUIPO Y FORTALEZA MENTAL — 151
   Cultura De Equipo — 152
   Construir Relaciones Positivas Entre Entrenador Y Atleta — 154
   Tres Famosas Asociaciones En El Deporte — 156
   Aprender De Los Grandes — 159
   El Rincón Del Entrenador: Construir Relaciones Positivas Entre Entrenador Y Atleta — 160
   La Importancia Del Mentoring En El Desarrollo Del Atleta — 162
   Tú Y Tus Compañeros De Equipo — 164
   El Rincón Del Entrenador: Cohesión Del Equipo — 165
   Amistades Competitivas: Rivalidades Sanas — 167
   Rafa Y Roger: Los Mejores Modelos De Amistad Competitiva — 170
   Capítulo Siete: Tres Puntos Clave En Los Que Debo Trabajar — 171

8. INVOLUCRAR LA FAMILIA — 173
   La Comunicación Con Tus Padres — 174
   El Rincón De Los Padres: Comunicación Y Apoyo — 176
   Hermanos — 180

| | |
|---|---|
| Conciliar El Deporte Y La Vida Social: Un Asunto Familiar | 182 |
| Capítulo Ocho: Tres Puntos Clave En Los Que Debo Trabajar | 183 |
| | |
| TIEMPO COMPLETO | 185 |
| DESPUÉS DEL JUEGO | 189 |
| BIBLIOGRAFIA | 191 |

# ¡COMENCEMOS!

Tu corazón late con fuerza en tu pecho.

Gotas de sudor recorren tu frente.

Cada fibra de tu cuerpo grita de incertidumbre mientras te enfrentas a tu oponente.

Aun así, deberías estar preparado para esto. Llevas tanto tiempo entrenándote para ello que tus reacciones se han vuelto automáticas. En el campo de entrenamiento, has dominado a la competencia.

Pero ahora, con el peso de las expectativas cayendo sobre ti, comienzas a perder el enfoque. La presión del momento amenaza con abrumarte. Todo tu arduo trabajo -esas innumerables mañanas madrugando y entrenando hasta tarde- no significan nada si no logras mantener la compostura.

Es en momentos como éste cuando tu mente puede convertirse en tu enemigo, y la duda comienza a carcomerte por dentro.

Te aseguro que no estás solo.

Durante los últimos 16 años he trabajado con jóvenes atletas inmensamente talentosos y lo he visto una y otra vez... jóvenes con una destreza y habilidad increíbles, desarrolladas a lo largo de años de entrenamiento hora tras hora, que sin embargo, luchan contra la presión de la competición.

Entonces, ¿cuál es el ingrediente que falta? La fortaleza mental.

Para los jóvenes atletas, es la diferencia entre rendirse ante la derrota y elevarse por encima de la presión del momento para dejar brillar sus habilidades. Es la fuerza silenciosa que distingue a los fuertes de los débiles. Sin ella, todo el talento natural, la habilidad y la determinación del mundo no significan nada. Pero con ella, te conviertes en una fuerza imparable.

Este libro es tu manual de fortaleza mental. Me dirijo a ti, joven atleta de entre 13 y 18 años. Mi objetivo al escribirlo es sencillo:

*Dotarte de las herramientas y la mentalidad necesarias para fomentar la confianza, afrontar los contratiempos y desarrollar la mentalidad de crecimiento que necesitas para triunfar en el mundo del deporte de competición.*

A lo largo de estas páginas, encontrarás estudios de casos reales y ejemplos de atletas profesionales que han superado barreras mentales para convertirse en campeones. También incluye numerosos elementos interactivos, tales como ejercicios prácticos, técnicas de visualización y pautas para la reflexión que fomentarán tu participación activa y la aplicación personal.

Cada capítulo ofrece consejos valiosos y estrategias que abarcan los elementos esenciales de la fortaleza mental para jóvenes atletas, incluyendo:

- Desarrollo de una mentalidad de crecimiento
- Establecimiento de objetivos SMART
- El poder del diálogo interno positivo

- Preparación de la mente para el éxito
- El arte de la recuperación triunfal
- Superación de miedos y ansiedades
- Manejo constructivo de críticas y retroalimentación
- Colaboración eficaz con entrenadores y compañeros de equipo
- La importancia de la familia

Y no te preocupes por la lectura densa. He diseñado este libro para que sea educativo e inspirador. Encontrarás el contenido atractivo y accesible, con consejos prácticos y estrategias que puedes aplicar inmediatamente.

Pero este libro no es sólo para jóvenes atletas. También abarca a padres y entrenadores. Ofrece la orientación, a menudo ausente, para estas figuras cruciales en la tarea de ayudar a los jóvenes a conquistar la dimensión mental de la competencia deportiva.

Como padre o madre, descubrirás estrategias para apoyar la trayectoria deportiva de tu hijo y aprenderás formas de fomentar una comunicación abierta, afrontar conversaciones difíciles y enfrentar los contratiempos de manera efectiva.

Los entrenadores y mentores, también encontrarán estrategias para contribuir activamente al desarrollo de la fortaleza mental mediante prácticas de apoyo y ejercicios de fomento de la resiliencia.

Tanto si eres un joven atleta, un padre o un entrenador, te invito a abrazar las oportunidades que encontrarás en las páginas de este libro. Los conceptos y estrategias que descubrirás son las mismas técnicas que he visto adoptar a atletas de éxito a lo largo de mi carrera como científica del deporte y entrenadora, para desarrollar la resiliencia, la confianza y mejorar su rendimiento.

El camino hacia la fortaleza mental comienza ahora. ¿Estás preparado para afrontar el desafío?

# UNO
# LA BASE DE LA FORTALEZA MENTAL

## LA PSICOLOGÍA DEL GANADOR: LA MENTALIDAD IMPORTA

¿Qué hace a un ganador? ¿Es algo físico, como la fuerza muscular, la velocidad y la agilidad? ¿O es algo que llevas dentro, como la fortaleza mental y la capacidad de recuperarse?

Una y otra vez, vemos pruebas de que lo que piensas en el fragor del momento y cómo respondes puede ser más importante que tu capacidad física. Considera lo siguiente:

Durante la final de la Copa Mundial de la FIFA 2006, la superestrella del fútbol Zinedine Zidane sorprendió al mundo al propinar un cabezazo al defensor italiano Marco Materazzi. Esto le valió a Zidane una tarjeta roja, y fue expulsado durante el resto del partido. El incidente se produjo durante el tiempo extra, y la selección francesa de Zidane acabó perdiendo contra Italia. Cuando le preguntaron por qué lo había hecho, Zidane dijo que Materazzi había insultado a su madre y que eso le había provocado un ataque de ira.

Nick Kyrgios, un destacado tenista profesional australiano, es reconocido por su increíble juego, pero a menudo se le critica por su incapacidad para mantener la compostura y rendir bajo presión. Es conocido por cometer errores innecesarios, discutir con los árbitros y perder la concentración cuando hay mucho en juego.

Estos ejemplos ponen de relieve algo que todo joven atleta debe tomarse muy en serio si quiere triunfar:

*Ser un ganador no depende sólo de tus habilidades, sino de tener la mentalidad adecuada.*

En otras palabras, no se trata sólo de lo que puedes hacer físicamente, sino también de cómo piensas y te sientes internamente.

Para triunfar en el deporte que elijas, tienes que desarrollar una mentalidad de ganador.

Pero, ¿qué implica esto?

A continuación se exponen los atributos que contribuyen a una mentalidad ganadora:

- **Creencia en uno mismo:** Los ganadores tienen una fe inquebrantable en sí mismos. Saben que pueden lograr grandes cosas a través del esfuerzo y la dedicación. Esta confianza se mantiene firme, incluso cuando se enfrentan a las críticas o a la presión de la competencia.
- **Actitud positiva:** Los ganadores se mantienen centrados en lo positivo. Aprecian el lado positivo de cualquier situación, y buscan soluciones y oportunidades de crecimiento en lugar de detenerse en los resultados o las circunstancias negativas.
- **Resiliencia:** La resiliencia implica ser capaz de recuperarse ante los desafíos. Requiere una mentalidad que no permita que los errores te desvíen del camino. Te permite aprender de los reveses para hacerte más fuerte y más sabio.
- **Perseverancia:** Los ganadores nunca se rinden, incluso cuando las circunstancias se tornan extremadamente difíciles.

Reconocen que cada paso, por pequeño que sea, los acerca al éxito.
- **Enfoque:** Los ganadores se mantienen centrados en sus objetivos y en lo que requiere la tarea inmediata que tienen entre manos. Tienen la capacidad de no prestar atención a distracciones como la multitud y concentrarse en lo tienen que hacer en cada momento.
- **Adaptabilidad:** Los ganadores comprenden que las cosas no siempre salen según lo previsto. Tienen la capacidad de resetearse y ajustar su estrategia para encontrar nuevas formas de triunfar.
- **Gratitud:** Los ganadores muestran aprecio por lo que tienen y respetan a las personas de su vida que los apoyan. Muestran amabilidad y expresan gratitud a quienes contribuyen a su éxito.

Si consigues desarrollar esta poderosa mentalidad, sentarás las bases para superar los desafíos y alcanzar el éxito en el deporte.

Sin embargo, si no logra hacerlo, es probable que desperdicies muchas de las habilidades que tanto te ha costado conseguir. Podrías fallar en un momento crítico de la competencia, perder la concentración cuando tu estrategia de juego no está funcionando o permitir que la duda interna te robe las habilidades que has perfeccionado en la práctica justo cuando más las necesitas.

Quizás ya hayas experimentado esa frustración. Después de pasar incontables horas entrenando, levantándote temprano, preferirías quedarte en la cama, o tal vez practicando hasta tarde, mientras tus amigos están fuera divirtiéndose... aun así, luchas en los momentos decisivos.

¿No crees que ya es hora de poner fin a esa frustración?

Al desarrollar una mentalidad de ganador, te dotarás de la fortaleza mental que necesitas para superar los pensamientos que te impiden mostrar al mundo lo que realmente eres capaz de hacer.

Vuelve a leer esa frase: ¡es muy poderosa!

La confianza en ti mismo que acompaña a una mentalidad ganadora te ayudará a ser positivo y a ver las cosas con perspectiva, incluso cuando las cosas se pongan difíciles. Alimentará tu motivación para seguir mejorando. Piensa que es como tu entrenador interior, que te anima y te ayuda a mantener la concentración. Te ayudará a ver los reveses como peldaños hacia el éxito. Con ella, podrás recuperarte cuando tropieces y seguir entrenando cuando preferirías estar haciendo un millón de otras cosas.

Una mentalidad ganadora también implica mantener la curiosidad, fijarte objetivos y encontrar la alegría en lo que haces día a día. Cuando amas tu deporte, la motivación se convierte en algo natural, ya que te impulsa la pasión y el amor por el proceso, no simplemente la búsqueda de trofeos, medallas o reconocimientos.

## MENTALIDAD DE CRECIMIENTO: LA CLAVE PARA LA MEJORA CONTINUA

Piensa en la asignatura que más te disgusta en la escuela. Quizá sean las matemáticas. ¿Crees que puedes mejorar en esa asignatura? ¿O simplemente has pensado: "Odio las matemáticas, así que nunca lo conseguiré"?

¿Qué hay de tus habilidades sociales? ¿Te has dicho a ti mismo que no eres bueno con las multitudes y que nunca lo serás? ¿Sientes que es mejor estar solo o en situaciones uno a uno?

¿Qué pasa cuando tu profesor te hace una pregunta demasiado difícil para ti? ¿Piensas: "No soy lo suficientemente listo para esto"?

Si has respondido afirmativamente a alguna de estas preguntas, muestras signos de una mentalidad fija. Una persona con una mentalidad fija cree que sus habilidades están prácticamente grabadas en piedra. Puedes mejorar ligeramente, pero si tienes dificultades con las matemáticas cuando tienes 13 años, seguirás teniendo dificultades cuando tengas 30.

Una mentalidad de crecimiento, sin embargo, representa lo contrario. Una persona con esta mentalidad cree que su potencial para desarrollarse en todos los ámbitos es ilimitado. Lo único que necesita es disciplina y trabajo duro.

Por esta razón, una persona con mentalidad de crecimiento tiene muchas más probabilidades de alcanzar sus objetivos.

La creencia en tu capacidad para crecer y mejorar (tener una mentalidad de crecimiento), o la idea de que estás atascado tal como eres (una mentalidad fija), puede no ser evidente para los demás. Sin embargo, desempeña un papel significativo en la forma en que afrontas los desafíos. Si tienes una mentalidad fija, puede que sientas que no puedes cambiar tu cuerpo o tus habilidades, así que es posible que ni siquiera lo intentes.

E incluso si lo intentas, esa creencia podría frenarte en secreto. Podría hacerte hacer trampas en tu plan de alimentación saludable, saltarte entrenamientos o decirte a ti mismo que nunca alcanzarás tus objetivos.

Esto se ha puesto de relieve en algunas investigaciones realmente interesantes sobre niños con una mentalidad fija frente a una mentalidad de crecimiento. En un estudio, se preguntó a niños identificados con una mentalidad fija qué harían la próxima vez tras reprobar un examen. La mayoría dijo que haría trampas en lugar de estudiar más duro.

En otro estudio, los niños con mentalidad fija afirmaron que buscarían a alguien que hubiera obtenido un resultado peor que el de ellos en el examen, para no sentirse tan mal. En la mayoría de estos casos, los alumnos con mentalidad fija evitaban las dificultades en lugar de intentar mejorar y aprender de sus errores.

¿Y qué sucede con los niños con mentalidad de crecimiento? En todos los estudios, ellos asumieron el desafío. Tras reprobar un examen, dijeron que estudiarían más para obtener mejores resultados la próxima vez. No temían reconocer que podían mejorar y estaban abiertos al aprendizaje.

## Cómo pasar de una mentalidad fija a una mentalidad de crecimiento

A estas alturas debería estar claro que una mentalidad ganadora es una mentalidad de crecimiento. Entonces, ¿qué ocurre si ya has identificado que muestras signos de una mentalidad fija? La buena noticia es que tu mentalidad fija ¡no es fija en absoluto! Tú puedes cambiarla.

Aquí tienes 10 estrategias que puedes implementar ahora mismo para pasar de una mentalidad fija a una mentalidad de crecimiento:

1. **Piensa en los desafíos como oportunidades:** Deja de evadir nuevos desafíos porque crees que podrías fracasar. En lugar de eso, busca formas de esforzarte para mejorar, sabiendo que es posible que no logres el éxito en tu primer intento.
2. **Prioriza el aprendizaje sobre la búsqueda de reconocimiento:** Cuando te preocupas más por la aprobación de los demás, pierdes valiosas oportunidades de crecer. Esto se debe a que tienes miedo de fracasar delante de ellos. Este miedo al fracaso debe ser superado, disciplinando tu mente para dejar de lado las opiniones ajenas y enfocándote en mejorar para tu propio beneficio.
3. **Céntrate en el proceso y no en el resultado final:** Disfruta del proceso de aprendizaje, comprendiendo que el crecimiento y las habilidades que desarrollas por el camino son más valiosos que cualquier logro. Cuando te centras en el camino, se crea un entorno para la mejora continua y la resiliencia, que son esenciales para el éxito a largo plazo.
4. **Desarrolla un sentido de propósito:** Establece objetivos a largo plazo que te den algo significativo a lo que aspirar y un sentido de dirección a tu entrenamiento. Mantén el objetivo final en mente y márcate esta meta mientras superas los desafíos diarios y alcanzas hitos más pequeños.
5. **Elige aprender bien en lugar de aprender rápido:** Sé paciente y mantente dispuesto a cometer errores cuando

aprendas algo nuevo. La atención a los detalles y el esfuerzo concentrado te ayudan a perfeccionar tus habilidades.
6. **Comprende que cometer errores no te convierte en un fracasado:** Al contrario, significa que vas por el buen camino; sólo que aún no has llegado a la meta.
7. **Aprende de los errores de los demás:** Cuando veas que otra persona comete un error, toma nota mentalmente para cuando te encuentres en una situación similar. Haz como si fueras tú y pregúntate: "¿Cómo podría hacerlo mejor?".
8. **Acepta las críticas constructivas:** Considera la crítica como una oportunidad de aprendizaje. No te las tomes como algo personal. Su objetivo es ayudarte a mejorar, así que acéptalas con humildad.
9. **Cada vez que alcances un objetivo, establece uno nuevo:** No te conformes con tu situación actual. Ten siempre un nuevo objetivo en el que centrarte y trabajar. El crecimiento personal no tiene fin, ¡especialmente en la vida de un atleta!
10. **Recuerda que se necesita tiempo para tener éxito en cualquier emprendimiento que valga la pena:** Nada que valga la pena se consigue de manera rápida y sencilla.

Para dominar una nueva destreza, habilidad o tarea, debes trabajar en ella a lo largo del tiempo. Puede que los progresos en tu carrera deportiva no siempre se produzcan a pasos agigantados, pero recuerda que cada pequeño paso adelante se va acumulando con el tiempo. Confía en el proceso y sé paciente.

Reflexiona...

Tómate unos minutos para reflexionar sobre tu mentalidad. ¿Es una mentalidad fija o de crecimiento? ¿Cómo lo sabes? Si identificas una mentalidad fija en ti, elige tres de las sugerencias anteriores y trabaja en ellas durante los próximos siete días.

## EL RINCÓN DE LOS PADRES: MENTALIDAD DE CRECIMIENTO

Las madres y los padres desempeñan un papel fundamental en el apoyo al desarrollo de una mentalidad de crecimiento en sus hijos, en contraposición a una mentalidad fija. La psicóloga estadounidense Carol Dweck originó el concepto de mentalidad fija frente a mentalidad de crecimiento en su investigación pionera. Así es como lo define Carol:

---

*En una mentalidad fija, los estudiantes creen que sus habilidades básicas, su inteligencia y sus talentos son sólo rasgos inmutables. Poseen una cierta cantidad de talento, y su objetivo es siempre aparentar ser inteligentes y evitar parecer tontos. En una mentalidad de crecimiento, los estudiantes comprenden que sus talentos y capacidades pueden desarrollarse mediante el esfuerzo, una buena enseñanza y la perseverancia. No creen necesariamente que todo el mundo sea igual o que cualquiera pueda ser Einstein, pero creen que todos pueden volverse más inteligentes si trabajan en ello.*

---

Además, Carol ha identificado tres estrategias que los padres pueden emplear para fomentar una mentalidad de crecimiento en sus hijos:

1. **Elogiar sabiamente:** Esto implica elogiar a tus hijos por su esfuerzo, sus estrategias, su concentración y su perseverancia. Esto les ayudará a desarrollar resiliencia y a aprender a buscar nuevos desafíos. Comprende que cuando sólo celebras el talento o los resultados satisfactorios, haces que tu hijo sea vulnerable al miedo al fracaso, ya que tus elogios están condicionados a un resultado final o a un rendimiento positivo.

2. **Utiliza las palabras "todavía" y "aún no":** Cuando tu hijo experimente un contratiempo, se equivoque en una respuesta o no consiga desarrollar una habilidad deportiva, háblale en términos de que *todavía no* es capaz de hacerlo. Esto les infunde la confianza de que están en un camino de continuo aprendizaje y les ayudará a tener éxito si continúan esforzándose.
3. **Educar sobre cómo responde el cerebro a los desafíos:** En un estudio, se enseñó a los estudiantes que cada vez que superaban su zona de confort para aprender algo difícil, las neuronas de su cerebro formaban nuevas conexiones y se volvían más competentes. Los alumnos que aprendieron esta lección sobre cómo se adapta el cerebro a los desafíos mostraron mejoras significativas en sus calificaciones. Esta investigación subraya la importancia de comprender que el cerebro es maleable y que el esfuerzo y la perseverancia pueden conducir a un aumento de la inteligencia y las habilidades.

## SUPERAR EL MIEDO AL FRACASO

El miedo al fracaso es un signo de mentalidad fija Frecuentemente, este temor impide que las personas intenten cosas nuevas, amplíen sus habilidades o afronten desafíos. Aprender a superar el miedo al fracaso puede abrir un mundo completamente nuevo de posibilidades.

Las siguientes son estrategias probadas para ayudar a vencer el miedo al fracaso:

1. **Cambia tu forma de ver el fracaso:** En lugar de ver el fracaso como algo malo, piensa en él como una oportunidad para aprender, establecer nuevos objetivos y ser un peldaño hacia el éxito.
2. **No esperes ser perfecto:** Comprende que nadie es perfecto y que todo el mundo comete errores a veces. En lugar de aspirar

a la perfección, céntrate en esforzarte al máximo y mejorar poco a poco cada día. Con la práctica, la probabilidad de cometer errores será cada vez menor.
3. **Aprende de los errores:** Cuando cometas un error, plantéate qué salió mal y cómo puedes mejorarlo. Recuerda que los errores pueden ser pistas inestimables que te muestran en qué tienes que trabajar.
4. **Sigue intentándolo:** No te rindas si fracasas en algo la primera vez (¡o incluso varias veces!). Persevera, y no dejes que los reveses te impidan alcanzar tus objetivos.
5. **Prueba cosas nuevas:** Muéstrate abierto a aprender nuevas habilidades. Podrían ser nuevas técnicas físicas o estrategias tácticas. Inténtalo aunque no estés seguro de tener éxito. Asumir riesgos forma parte del aprendizaje y el crecimiento.
6. **Cree en ti mismo:** Confía en tus capacidades y cree que puedes aprender y mejorar con el tiempo. La autoconfianza es la base de tu crecimiento y tus logros. Cuando crees en ti mismo, es más probable que aceptes nuevos retos, y el miedo a fracasar se sustituye por la emoción del éxito potencial.
7. **Celebra tus esfuerzos:** Aún si no logras el éxito, siéntete orgulloso de ti mismo por haberlo intentado con todas tus fuerzas. Celebra tus esfuerzos y recuerda que cada paso adelante es un paso más hacia tus objetivos.

## ESTABLECIMIENTO DE OBJETIVOS DE APRENDIZAJE

Las personas con mentalidad de crecimiento se fijan objetivos. Saben que siempre pueden mejorar, independientemente de lo buenos o malos que sean en una habilidad. Como resultado, constantemente se proponen nuevos desafíos.

Sin embargo, a muchas personas no les resulta fácil fijarse objetivos. De hecho, la mayoría enfrenta dificultades al respecto. Lo que a menudo consideran objetivos puede no ser más que ambiciones vagas.

En el Capítulo 2, examinaremos cómo establecer objetivos SMART para lograr el éxito deportivo. Por ahora, sin embargo, centrémonos en establecer objetivos de aprendizaje que fomenten una mentalidad de crecimiento y el desarrollo de habilidades.

Tus objetivos de aprendizaje deben basarse en las áreas de tu juego que tú y tu entrenador hayan identificado como susceptibles de mejora. Deben seguir el acrónimo SMART (Inteligente, según sus siglas en inglés), que indica que deben ser:

- **Específicos:** En lugar de establecer un objetivo vago como "mejorar mi juego", los deportistas deben especificar qué aspecto quieren desarrollar, como la precisión en los pases o las habilidades defensivas.
- **Medibles:** Los objetivos deben ser medibles, para que puedas hacer un seguimiento del progreso. Por ejemplo, establecer un objetivo para aumentar la precisión de los pases en un determinado porcentaje, o reducir el tiempo de un sprint en un número específico de segundos, hace que los objetivos sean más cuantificables.
- **Alcanzables:** Los objetivos deben ser desafiantes pero realistas. Los objetivos poco realistas pueden provocar frustración y desmotivación.
- **Relevantes:** Los objetivos deben ser relevantes para los objetivos generales de desarrollo y rendimiento del deportista. Deben ajustarse a sus puntos fuertes y débiles y a sus objetivos a largo plazo.
- **Limitados en el tiempo:** Los objetivos deben tener una fecha límite. Esto ayuda a los deportistas a mantenerse centrados y motivados. Dividir los objetivos a largo plazo en hitos más pequeños, manejables y con plazos también puede hacerlos más alcanzables.

A continuación, se presenta un ejemplo de un objetivo mal formulado y de uno eficaz basado en la fórmula SMART:

- **Objetivo deficiente:** "Mejorar en los pases".
- **Objetivo efectivo:** "Mejorar mis habilidades de pase practicando durante 20 minutos al día durante el próximo mes, con el objetivo de reducir el número de errores de precisión en un 50%".

## ¡MANTÉN LA CURIOSIDAD, MANTÉN LA PASIÓN!

Los deportistas que tienen una mentalidad de crecimiento tienden a demostrar un par de cualidades destacadas relacionadas con su deporte: son curiosos y sienten una profunda pasión por el juego.

Cuando sientes una auténtica curiosidad y pasión por lo que haces, tu impulso para triunfar saldrá de tu interior. Estarás motivado para explorar y dominar nuevas habilidades.

Esta mentalidad también te hace más receptivo a aprender de los que te rodean. Al ser curioso, querrás absorber tanta información de tu entrenador como sea posible, reconociendo su valor para ayudar a elevar tu rendimiento. Observarás a tus compañeros de equipo, aprendiendo de sus puntos fuertes y estrategias que podrás incorporar a tu propio juego. Incluso tus oponentes se convierten en fuentes de aprendizaje; analizar sus técnicas y tácticas no sólo te ayudará a desarrollar nuevas formas de ganar, sino que también te proporcionará una comprensión más amplia de tu deporte.

## EL RINCÓN DE LOS PADRES: CURIOSIDAD

Los padres desempeñan un papel crucial a la hora de alimentar la curiosidad y la pasión en los jóvenes atletas. Crear un entorno que fomente la exploración, la creatividad y el disfrute ayudará a tu hijo a sentirse apoyado para perseguir sus intereses y objetivos. Puedes participar activamente en el desarrollo de esta curiosidad viendo partidos juntos, discutiendo estrategias y animándoles a experimentar nuevas técnicas durante el entrenamiento. Mostrando verdadero interés y entusiasmo, los padres pueden encender una pasión similar en sus hijos.

Adoptando una cultura de curiosidad y amor por el juego ayudarás a tu hijo a desarrollar la mentalidad y las habilidades necesarias para prosperar tanto dentro como fuera del campo.

## IDENTIFICA TUS FORTALEZAS INTERNAS Y TUS PUNTOS DÉBILES

Como joven atleta con mentalidad de crecimiento, es fundamental que identifiques tus puntos fuertes y débiles relacionados con el juego. No temes examinar tus luchas, ya que comprendes que esto no es un ataque personal. Puedes dejar de lado tus emociones y realizar un análisis objetivo de tu rendimiento.

También puedes identificar los puntos fuertes y débiles de tu juego desde un enfoque mental.

¿Cómo puedes hacerlo?

Aquí tienes tres métodos para evaluar con precisión tus puntos fuertes y débiles, tanto mentales como físicos:

**Autorreflexión y escritura en un diario:** Dedica tiempo después de los entrenamientos y competiciones a reflexionar sobre tu rendimiento. Escribir tus pensamientos en un diario puede ayudarte a identificar tus puntos fuertes y tus áreas de mejora. Sé sincero contigo mismo y utiliza esta autorreflexión como herramienta de crecimiento. Esto es algo en lo que profundizaremos durante el Capítulo 3.

**Retroalimentación de compañeros y entrenadores:** Pide opiniones sobre tu rendimiento a tu entrenador, compañeros de equipo y mentores de confianza. Muéstrate abierto a las críticas constructivas y utilízalas como una oportunidad para aprender y crecer. Cuando te hablen, no trates de justificar lo que hiciste o dejaste de hacer; simplemente escucha y muéstrate dispuesto a mantener una conversación sincera sobre lo que necesitas mejorar.

**Análisis de videos:** Las secuencias de video son un poderoso recurso para identificar los puntos fuertes y débiles de tu actuación. Aquí te mostramos cómo utilizar el video de manera efectiva para el análisis:

- Haz que te graben durante tus ejercicios, entrenamientos o partidos, centrándote en habilidades o situaciones concretas que quieras analizar. Cuando veas la grabación, ten un objetivo claro en mente.
- Busca patrones, tendencias y áreas en situaciones en las que te hayas destacado o tenido dificultades. Presta atención a detalles como la posición del cuerpo, la sincronización y la ejecución de las habilidades.
- Cuando analices las áreas que necesitas mejorar, busca defectos técnicos, errores tácticos u oportunidades perdidas. Compara tu rendimiento con el de jugadores más experimentados o atletas profesionales para identificar las áreas en las que puedas elevar tu juego.
- Comparte las secuencias de video con tu entrenador, compañeros de equipo o mentores de confianza para obtener retroalimentación. Haz preguntas concretas sobre las áreas que te preocupan o los aspectos de tu rendimiento que quieres mejorar.
- Establece objetivos SMART para mejorar. Céntrate en una o dos áreas a la vez para evitar sentirte abrumado.
- Registra y revisa continuamente tus actuaciones a lo largo del tiempo para seguir tus progresos.

Una vez que hayas identificado las áreas de mejora, no pienses en ellas como debilidades, sino como puntos fuertes sin desarrollar. Considéralos oportunidades para reforzar tu desempeño en general. Cada habilidad que desarrollas añade otra flecha a tu arco.

Intenta no centrarte sólo en tus puntos débiles; reconoce también tus puntos fuertes. Sin embargo, en lugar de conformarte con estas áreas en las que destacas, esfuérzate por mejorar aún más estos aspectos de tu rendimiento: establece objetivos para desarrollar tus puntos fuertes y seguir impulsando tu potencial hacia nuevas alturas.

La clave para convertir tu debilidad en una fortaleza es la constancia. Mantente comprometido y concentrado en tus objetivos de desarrollo.

Acepta los desafíos y los contratiempos como parte del proceso de aprendizaje, y sé paciente y persistente mientras trabajas para mejorar.

## LA CIENCIA DETRÁS DEL ESTRÉS Y EL RENDIMIENTO

¿Tu vida es estresante? Como estudiante-atleta, tienes mucho que hacer: ocuparte de tus estudios, el entrenamiento individual, las prácticas en equipo, la presión de la competencia, las expectativas de tus padres y entrenadores, lidiar con tus hermanos, si los tienes, mantener las amistades y encontrar tiempo para los pasatiempos y la relajación.

Con todo esto en mente, nadie puede culparte por sentir al menos cierto nivel de estrés.

El estrés en sí mismo no es malo. Es una respuesta natural a los desafíos a los que nos enfrentamos. Pero a menos que sepamos controlar nuestro estrés, este puede corroer nuestra capacidad de rendimiento como el óxido a un objeto preciado. Tu rendimiento en el campo y en el aula puede verse afectado, y te costará seguir el ritmo de las exigencias académicas y deportivas.

El estrés, cuando no es controlado, también puede hacer que te sientas mal físicamente. Puede provocar dolores de cabeza, tensión muscular y hacerte sentir fatigado. Mentalmente, puede provocar ansiedad, frustración y agotamiento.

Para controlar el estrés, es esencial comprender primero qué es y porqué lo experimentamos.

Puedes pensar en el estrés como si fuera una montaña rusa. Algunas partes pueden asustarte y hacerte sentir mal, pero otras son emocionantes y te hacen sentir vivo. Estos dos elementos de la montaña rusa son como los dos tipos de estrés que llamamos **eustrés** y **distrés**.

El eustrés, es un tipo positivo de estrés. Es esa sensación de nerviosismo, excitación y energía que tienes antes de competir. Este tipo de estrés puede ayudarte a rendir mejor, alimentando tu energía y concentración.

El distrés, sin embargo, es todo lo contrario. Es cuando te sientes abrumado, ansioso o preocupado. Quizá tengas demasiados deberes, o te sientas presionado por tu entrenador o tus padres.

Este tipo de estrés puede hacer que te sientas cansado, agotado y fuera de lugar.

Lo fundamental es recordar que no todo estrés es malo. Si mantienes la angustia al mínimo y aprendes a aprovechar al máximo los factores estresantes positivos, podrás subirte a la montaña rusa de la vida con confianza, resiliencia y sentido de la aventura.

## TÉCNICAS DE MANEJO DEL ESTRÉS

Si te sientes abrumado, aquí tienes siete estrategias que puedes implementar para hacer frente a los factores estresantes del día a día:

1. **Respiración profunda:** Cuando empieces a sentirte estresado, inspira profundamente varias veces por la nariz. Mantén la respiración unos segundos y luego espira lentamente por la boca. Piensa que con cada exhalación estás liberando el estrés de tu cuerpo y permitiendo que tus músculos se relajen.
2. **Tómate descansos:** Por muy ocupado que estés, necesitas tiempo para descansar física y mentalmente. Haz pequeñas pausas mientras estudias o entrenas para escuchar música, jugar con tu mascota o simplemente respirar aire fresco.
3. **Comunica tus sentimientos:** No te guardes el estrés dentro de ti. Habla de lo que te preocupa con un amigo, uno de tus padres, tu entrenador u otra persona de confianza. El mero hecho de compartir lo que te preocupa puede ayudarte mentalmente a aligerar tu carga y ofrecerte posibles soluciones sobre cómo gestionar lo que tienes en mente.
4. **Organízate:** Cuanto más organizado estés, menos abrumado te sentirás. Utiliza un planificador o una lista de tareas para organizarte y priorizar las tareas. Divide las tareas grandes en

otras más pequeñas y manejables, y enfréntate a ellas de a una a la vez.
5. **No pienses en el futuro:** Si piensas en todo lo que tienes que hacer, pronto te sentirás abrumado. Así que, una vez que hayas organizado tus tareas, céntrate en lo que tienes delante o es más importante. Una vez hecho, táchalo de la lista y pasa a lo siguiente.
6. **Duerme lo suficiente:** Cuando duermes, tu cuerpo y tu mente se revitalizan. Necesitas entre 8 y 10 horas de sueño de calidad cada noche. Para conseguirlo, establece una rutina antes de acostarte que incluya mantener toda la tecnología fuera del dormitorio -sí, ¡eso incluye tu teléfono!
7. **Establece límites:** No puedes hacerlo todo y no siempre tienes que decir que sí a todo. No te agobies intentando complacer a todo el mundo. Aprende a decir que no a cosas que añadirán estrés innecesario a tu vida o que no se alinean con tus objetivos.

El día de la competición, saber controlar el estrés es igualmente importante. Unas prácticas siglas que abarcan siete estrategias clave son P.E.R.F.E.C.T. (Perfecto, según sus siglas en inglés):

**Diálogo interno positivo**: Repite para ti mismo palabras o frases cortas en el fragor de la competencia. Frases sencillas como "Puedo hacerlo" o "Es pan comido" te mantendrán concentrado en la tarea que tienes entre manos. El diálogo interno positivo también será un tema en el que profundizaremos en el Capítulo 3.

**Enfrenta la adversidad**: Acepta el desafío de la competición; si vas por detrás en puntos o por detrás de un oponente que tienes delante, escribe tu propia historia de superación y niégate a dejar que te asalten las dudas mientras te recuperas.

**Utiliza la ingeniería inversa**: Recuerda una ocasión en la que ejecutaste una habilidad con total confianza y tuviste éxito. ¿Qué cosas te ayudaron entonces: una frase concreta, una prenda de ropa o una señal física? Una vez que la identifiques, intenta utilizarla de nuevo.

**Enfócate en el ahora**: Estar presente en cada momento del juego es esencial. No pienses en el marcador ni en si ganarás o perderás. Concéntrate en lo que necesitas hacer en los próximos segundos para tener éxito.

**Energízate**: Antes de la competición, aliméntate con carbohidratos y otros nutrientes adecuados para ayudar a maximizar tu rendimiento. Esto incluye beber mucha agua para mantenerte hidratado. Cuidando tu nutrición, mantendrás estables tus niveles de energía para un rendimiento óptimo.

**Relájate**: Programa un tiempo para relajarte y recuperarte después de la competición. Necesitas recargar tu cuerpo y tu mente, así que encuentra algo que te revitalice y disfruta ese tiempo. Puede ser cualquier cosa, desde salir con amigos o dedicarte a un pasatiempo que te ayude a relajarte.

**Háblalo**: Habla con tu entrenador después del partido o la competición. Habla de cómo has afrontado el estrés de competir y de tu rendimiento físico. Su visión o sus consejos pueden ayudarte a tener la perspectiva que necesitas para gestionar mejor cualquier factor estresante en el futuro.

## CULTIVAR LA RESILIENCIA: LECCIONES DE LOS ATLETAS DE ÉLITE

La resiliencia es la capacidad de recuperarse de los desafíos y adversidades. Te ayuda a mantener la calma cuando las cosas empiezan a desmoronarse y a redoblar los esfuerzos cuando parece que todo el mundo está en tu contra. Las personas resilientes encuentran la fuerza en la adversidad, y emergen más fuertes y decididas que nunca.

En el ámbito deportivo, la resiliencia consiste en perseverar a través de los retos, los contratiempos y los fracasos sin rendirse. Se trata de mantener el enfoque y una actitud positiva, incluso cuando te encuentras en desventaja.

El deportista resiliente sabe que el fracaso forma parte del camino hacia el éxito. Utilizan los reveses como oportunidades de aprendizaje. Si sufren una lesión, no dejan que eso descarrile sus sueños, sino que se centran en su recuperación con determinación y paciencia.

Todo deportista exitoso posee esta cualidad y, sin duda, ha luchado contra sus propias adversidades. Consideremos a dos atletas profesionales que han demostrado una increíble resiliencia, superando numerosos desafíos para convertirse en dos de los grandes indiscutibles en sus respectivos deportes.

**La prueba de tenacidad de Tom Brady**

El nombre de Tom Brady es sinónimo de éxito. Es el jugador de la NFL más condecorado de todos los tiempos, y ha ganado siete títulos de Super Bowl. Ha sido cinco veces MVP del Super Bowl, tres veces MVP de la NFL y dos veces jugador ofensivo del año de la NFL.

Sin embargo, el ascenso de Tom a la cima fue lento. Durante la escuela secundaria, Tom practicaba dos deportes, béisbol y fútbol americano. A pesar de mostrarse más prometedor y recibir ofertas de reclutamiento como jugador de béisbol, el amor de Tom por el fútbol americano le llevó finalmente a comprometerse con los Wolverines de la Universidad de Michigan.

Durante su primer año en Michigan, en 1995, aplazó su carrera en el fútbol universitario, lo que significa que no jugó ningún partido. En su segundo año, por fin tuvo la oportunidad de demostrar de lo que era capaz, y fue sustituido a última hora de un partido contra UCLA. Sin embargo, el primer pase de su carrera universitaria fue interceptado para un touchdown, y fue el único que UCLA haría en todo el partido. Tanto los seguidores de los Wolverine como sus entrenadores universitarios quedaron decepcionados por su actuación y cuestionaron su capacidad.

Durante las temporadas de 1996 y 1997, Brady se vio obligado a ocupar un segundo plano en Michigan, y otro futuro quarterback de la NFL recibió los honores de titular. Decepcionado y frustrado, Tom consideró la posibilidad de transferirse. Sin embargo, atribuye un cambio en su mentalidad al trabajo con el psicólogo deportivo de la Universidad de Michigan, Greg Harden. En aquel momento, Brady admite que tenía mentalidad de "víctima" cuando las cosas no salían como él quería. Harden hizo que Tom se diera cuenta de que necesitaba "dejar de quejarse y empezar a actuar". Trabajó para ayudar a Tom a concentrarse en las cosas que podía controlar y a desprenderse de las que creía que le frenaban. Al día de hoy, Brady considera a Greg una de las influencias más importantes e inspiradoras de su carrera futbolística.

Entonces, armado con las herramientas que necesitaba para seguir adelante, Brady decidió quedarse en Michigan. Consiguió hacerse con el puesto de quarterback titular, aunque tuvo que compartir el puesto con otro quarterback prometedor durante el resto de su carrera universitaria.

Por este motivo, muchos equipos de la NFL no consideraron a Tom un jugador destacado al entrar en el draft de la NFL del 2000. Hubo que esperar hasta la sexta ronda de selecciones antes de que fuera fichado por los New England Patriots y acabara siendo la elección número 199 en total.

Como novato en los Patriots en 2001, Tom no llegó a ser titular. Sin embargo, el destino intervino al principio de la temporada de 2002, cuando Drew Bledsoe, el quarterback titular, sufrió una grave lesión. Este desafortunado incidente hizo que Brady se ganara la titularidad durante el resto de la temporada. Entonces, como suele decirse, ¡el resto es historia! Ese año los Patriots ganaron su primer título de Super Bowl de su historia, y Tom recibió su primer premio MVP del Super Bowl.

La historia de Tom demuestra que, a pesar de años de adversidad, la resiliencia puede construirse mediante la perseverancia, el hambre de éxito y la mentalidad adecuada. Su trayectoria, desde ser un futbolista universitario infravalorado y haber sido elegido en el draft, hasta convertirse en una leyenda de la NFL, muestra cómo una determinación inquebrantable y una mentalidad fuerte pueden superar incluso los desafíos más difíciles.

**El insólito viaje de Cristiano**

Cristiano Ronaldo es uno de los jugadores de fútbol más famosos y hábiles del planeta. Sin embargo, su camino hacia la grandeza es una historia poco convencional.

Ronaldo nació y creció en la pequeña isla de Madeira, Portugal. Su familia no tenía mucho dinero, por lo que sus padres tenían que trabajar largas horas para llegar a fin de mes. Vivía en una casa muy modesta y compartía dormitorio con sus tres hermanos mayores. Como su padre era un apasionado del fútbol, Ronaldo descubrió su amor y talento para este deporte a una edad muy temprana.

Cuando tenía 12 años, Ronaldo fue descubierto por un cazatalentos e invitado a una prueba de tres días para jugar en el Sporting de Lisboa, en la capital de Portugal. Durante esos tres días, compitió contra chicos mucho mayores que él, pero no dejó que eso le afectara. Se esforzó al máximo, impresionó a los entrenadores y acabó firmando un contrato con el club.

Sin embargo, esto significaba que Ronaldo viviría ahora lejos de casa y de su familia, en una gran ciudad nueva. Tenía problemas en la escuela, se metía en peleas y finalmente fue expulsado por arrojar una silla a un profesor. Luego, a los 15 años, le diagnosticaron una enfermedad cardíaca llamada taquicardia (frecuencia cardiaca anormal), que podría haber acabado con su carrera futbolística antes incluso de que empezara.

En lugar de ello, tomó la decisión de someterse a una operación de corazón con láser y regresó a los entrenamientos tres días después.

La resiliencia de Ronaldo volvió a ponerse a prueba a sus 18 años, cuando fue traspasado al Manchester United. No estaba acostumbrado a la fisicalidad del fútbol inglés y le costó encajar. La presión de los aficionados y los directivos para que rindiera era abrumadora. Pero, en lugar de derrumbarse, se centró en mejorar sus habilidades. Trabajando incansablemente en sus puntos débiles y fortaleciéndose en el gimnasio, se convirtió en un jugador clave para el United.

A lo largo de los años, Ronaldo también ha tenido que soportar la implacable comparación con Lionel Messi. Esta rivalidad se ha convertido en un tema candente de debate en el fútbol moderno, en el que cualquier aficionado al fútbol tiene una opinión sobre quién es el GOAT (Greatest Of All Time: El mejor de todos los tiempos). Todas sus estadísticas, desde los goles marcados, los partidos jugados y los trofeos ganados, se han analizado comparándolas con las de Messi. A pesar de ello, la inquebrantable fe en sí mismo de Ronaldo, su fortaleza mental y su implacable ética de trabajo le han permitido prosperar bajo el foco mediático.

La carrera de Cristiano está marcada no solo por su estilo único en el campo de fútbol, sino también por su capacidad para perseverar y seguir adelante a pesar de los contratiempos, las críticas y las comparaciones. Desde sus humildes comienzos y tras sufrir lesiones y tragedias personales, lo ha soportado todo con valentía y determinación. Su trayectoria es un testimonio del poder de la perseverancia y un recordatorio de que los verdaderos campeones salen más fuertes y decididos de cada prueba a la que se enfrentan.

## DESARROLLAR LA RESILIENCIA

Desarrollar la resiliencia es como fortalecer los músculos: requiere tiempo, esfuerzo y práctica. A continuación se presentan una serie de estrategias que te ayudarán en el camino para convertirte en un atleta más resiliente:

1. **Regula tus emociones:** En el deporte, las cosas no siempre salen como tú quieres. En el fragor del momento puede ser tentador dejar que tus frustraciones se apoderen de ti. Por otra parte, si has tenido un momento de éxito, como marcar un gol, puede ser fácil dejarse llevar por la emoción. En ambas situaciones, es importante recordar que, hasta que termine el partido, aún tienes trabajo que hacer. Mantén la cabeza fría, céntrate en los aspectos que puedes controlar y concéntrate en cuáles deben ser tus próximas acciones.
2. **Muéstrate abierto a las críticas constructivas:** Las críticas a veces pueden ser difíciles de escuchar, pero intenta no tomártelas como algo personal. Cuando entrenadores, padres o incluso compañeros de equipo te den su opinión, recuerda que es una oportunidad para crecer. Acéptalo con gracia y humildad.
3. **Desafíate a ti mismo:** Tanto si practicas una habilidad en la que ya eres competente, como si estás aprendiendo algo nuevo, busca formas de desafiar continuamente tu capacidad. Trabajar justo fuera de tu zona de confort es lo que te ayudará a mejorar tanto física como mentalmente como atleta.
4. **Toma las decisiones del uno por ciento:** Esto significa hacer el esfuerzo consciente de realizar las pequeñas cosas que, con el tiempo, te harán mejor atleta. Podría ser tan sencillo como optar por una comida más sana en lugar de comida rápida después de un partido, asegurarte de tocar la línea de meta con cada sprint realizado en el entrenamiento o acostarte temprano la noche anterior a una competición. Márcate normas y hazte responsable.
5. **Piensa a largo plazo:** No te rindas a la primera señal de dificultad. Ajusta tus objetivos si es necesario y sigue avanzando. Recuerda que la resiliencia se construye mediante la perseverancia y la determinación.

## EL RINCÓN DE LOS PADRES: RESILIENCIA

Los padres desempeñan un papel crucial en ayudar a sus hijos a desarrollar resiliencia. Aquí hay siete áreas clave que los padres deberían considerar y reflexionar sobre sí mismos al fomentar esta cualidad en sus hijos:

- **Competencia: La capacidad de manejar situaciones con eficacia.** Pregúntate a ti mismo: ¿Reconozco y elogio lo que mi hijo hace bien, o tiendo a centrarme en sus errores? ¿Me comunico de forma eficaz, que le permita tomar sus propias decisiones, o acabo sermoneándolo?

- **Confianza: La firme creencia en las propias habilidades.** Pregúntate a ti mismo: ¿Elogio a mi hijo basándome en sus esfuerzos y logros, o me centro principalmente en los resultados de sus actuaciones? ¿Lo apoyo y lo trato como a un niño que aprende a abrirse camino en la vida, o socavo su creciente independencia?

- **Conexión: Establecer un sentimiento de pertenencia.** Pregúntate a ti mismo: ¿Cuánto tiempo de calidad y sin pantallas pasa nuestra familia junta? ¿Permito que mi hijo exprese todas sus emociones abiertamente delante de mí, y me esfuerzo por comprenderlo y apoyarlo?

- **Carácter: Un sentido fundamental del bien y del mal.** Pregúntate a ti mismo: ¿Permito que mi hijo desarrolle su propio conjunto de valores o le impongo los míos? ¿Actúo con el ejemplo sistemáticamente mostrando rasgos de carácter positivo para que aprendan de ellos?

- **Contribución: Pensar y actuar de formas que mejoren el mundo.** Pregúntate a ti mismo ¿Demuestro generosidad en mis acciones? ¿Enseño a mi hijo la importancia y el valor de ayudar a los demás?

- **Afrontamiento: Saber afrontar el estrés y poner las cosas en perspectiva.** Pregúntate a ti mismo: ¿Ayudo a mi hijo a entender la diferencia entre una verdadera emergencia y algo que simplemente parece urgente? ¿Le muestro cómo resolver los problemas paso a paso cuando se enfrenta a desafíos?

- **Control: Permitir que tu hijo tome decisiones y comprenda que puede controlar el resultado.** Pregúntate a ti mismo: ¿Recompenso a mi hijo cuando asume más responsabilidades? ¿Lo ayudo a reconocer y celebrar sus pequeños éxitos?

Al abordar cuidadosamente estas áreas clave, los padres pueden dotar a sus hijos de las habilidades y la mentalidad necesarias no sólo para abrirse camino en los deportes de competición, sino también en muchos de los desafíos de la vida con confianza y fortaleza.

## CAPÍTULO UNO: TRES PUNTOS CLAVE EN LOS QUE DEBO TRABAJAR

Necesito:
_____
_____
_____

Cómo lo haré:
_____
_____
_____

Cuándo comprobaré mi progreso:
_____
_____
_____

# DOS
# DESARROLLA TU PLAN DE JUEGO MENTAL

Imagina que estás jugando un partido de baloncesto. Robas el balón en el medio de la cancha y haces un pase a tu compañero de la derecha. De inmediato, cortas hacia la izquierda, corriendo hacia la línea de fondo. Tu compañero detecta tu camino abierto y te lanza el balón de regreso. Con dos regates rápidos, te preparas para un enceste espectacular, rebosante de confianza. Listo para asombrar al público, miras hacia arriba, pero, para tu asombro, no hay nada...

¡El aro ha desaparecido y no tienes un objetivo!

En ese instante de confusión, te das cuenta de la importancia de tener un objetivo claro. Sin él, todos tus esfuerzos carecen de propósito, dirección u objetivo.

En el baloncesto, cada tiro y cada pase que haces están guiados por la presencia de un aro. Es tu punto de enfoque, tu objetivo.

Sucede lo mismo cuando eres un estudiante-atleta. Establecer objetivos es como tener un faro que te guía en medio de la tempestad. Sin ellos, te sientes como un barco a la deriva, sin saber hacia dónde dirigir tus habilidades y ambiciones.

Veamos por qué es esencial tener objetivos:

**Enfoque:** Tener metas te ayuda a centrarte en lo más importante durante un partido o un entrenamiento. Te da un objetivo al que aspirar, y te permite concentrar toda tu energía en alcanzar ese objetivo en lugar de distraerte con cosas que no van a beneficiarte en tu desempeño.

**Motivación:** Los objetivos te dan algo por lo que trabajar. Ayudan a alimentar tu motivación y entusiasmo para trabajar duro cada día. Cada objetivo que alcanzas aumenta el impulso intrínseco que necesitas para desafiarte más y alcanzar nuevos horizontes.

**Rendimiento:** Establecer objetivos es la clave para mejorar tu rendimiento. Imagina que eres nadador y quieres batir tu mejor marca personal en los 100 metros libres. Al fijarte objetivos específicos y trabajar para conseguirlos, te esforzarás más durante las sesiones de entrenamiento. Así obtendrás mejores resultados, ¡y una gran sensación de logro cuando consigas ese nuevo récord personal!

## CÓMO ESTABLECER OBJETIVOS SMART

En el Capítulo 1, exploramos la mentalidad de crecimiento y se nos presentó el concepto de objetivos SMART. ¿Recuerdas qué significan las siglas SMART?

Recapitulemos:

- **S** Específico (Specific, en inglés).
- **M** Medible.
- **A** Alcanzable.
- **R** Relevante.
- **T** Tiempo limitado.

Ahora, profundicemos en cada uno de estos aspectos para el establecimiento exitoso de objetivos.

**Específico**

Tu objetivo tiene que ser específico para que tenga valor. Nuestra mente funciona mejor cuando está centrada. Un objetivo claro y específico impulsa la acción porque sabemos exactamente hacia dónde nos dirigimos. Aquí tienes un ejercicio rápido para demostrar la importancia de tener un objetivo específico en lugar de uno general:

- Programa el temporizador de tu teléfono durante 15 segundos y, a continuación, enumera todos los alimentos que puedas.
- Ahora, reinícialo durante otros 15 segundos y anota todos los alimentos saludables que puedas.

Apuesto a que tu segunda lista fue más larga. Eso es porque tu mente estaba más enfocada.

A la mayoría de la gente no se le da bien fijarse objetivos. Lo que creen que son objetivos no son más que ambiciones vagas, como perder peso o mejorar en matemáticas. Sólo cuando estas ideas vagas se desglosan, adquieren algún significado.

Aquí tienes tres ejemplos de objetivos específicos que podría fijarse un joven atleta:

1. Mejorar mi precisión en los tiros libres.
2. Mejorar mis habilidades de pase en el fútbol con mi pie más débil.
3. Mejorar mi técnica de saque de tenis.

**Medible**

¿Recuerdas cuando te pedí que te imaginaras jugando al baloncesto sin un aro? No te impedía jugar en la cancha, pero sí medir tu éxito. Y, si no puedes hacerlo, no tiene mucho sentido jugar.

Lo mismo ocurre con la fijación de objetivos. Sólo sabrás si has alcanzado tu objetivo si puedes medirlo. Volvamos a los tres objetivos que acabamos de fijar:

1. Mejorar mi precisión en los tiros libres.
2. Mejorar mis habilidades de pase en el fútbol con mi pie más débil.
3. Mejorar mi técnica de saque de tenis.

Debemos añadir algo a estos objetivos: ¿puedes ver qué es?

Ninguno de ellos se puede medir. ¿Cómo sabrás cuándo has alcanzado tu objetivo de precisión en los tiros libres? Tu objetivo sólo tiene sentido si estableces metas que te ayuden a medir tus progresos. Así que mejoremos estos objetivos añadiendo un elemento medible:

1. Mejorar mi precisión en los tiros libres en un 20%.
2. Realizar 15 pases con éxito con mi pie más débil durante un partido.
3. Aumentar la velocidad de mi saque de tenis para alcanzar una velocidad de 90 mph de forma constante.

Vaya, ¡qué diferencia! Ahora tienes algo a lo que aspirar. Porque lo que se mide, ¡se logra!

**Alcanzable**

¿Qué notas acerca del elemento medible que acabamos de añadir a nuestros objetivos?

Son realistas, ¿verdad?

Imagina que, en lugar de mejorar tu precisión en los tiros libres en un 20% te fijas el objetivo de que sea del 80%. ¿Te parece alcanzable? ¿O te parece poco realista?

Los objetivos poco realistas pueden ser peores que no tener ningún objetivo. Pueden desanimarte, haciéndote sentir que no hay forma de que puedas conseguirlo, así que ni siquiera lo intentarás.

Ahora bien, no estoy diciendo que nunca vayas a mejorar tus tiros libres en un 80%. Lo que digo es que debes fijarte objetivos más pequeños y alcanzables a lo largo del camino. Cada uno de estos mini-objetivos te acercará un paso más a tu objetivo final.

Cada objetivo que te propongas debe suponer un reto y empujarte fuera de tu zona de confort, pero no debe ser tan difícil que te haga sentir abrumado o desanimado.

**Relevante**

Tu objetivo debe ser siempre relevante para tu deporte. Digamos que eres velocista.

Tu entrenador te da un programa de entrenamiento con pesas para fortalecer cuádriceps, isquiotibiales, glúteos y pantorrillas. Pero cuando te presentas en la sala de pesas, tus amigos se agolpan alrededor del banco de musculación. Pronto te dejas llevar por el ambiente competitivo y la presión de los compañeros. Antes de que te des cuenta, te obsesionas con levantar 200 libras.

Claro, te presentas para hacer tu entrenamiento de piernas, pero eso no es lo que realmente te motiva. Aunque el levantamiento de pesas puede parecer impresionante en la sala de pesas y aún beneficiarte como velocista, no es el ejercicio de fortalecimiento más relevante para tu deporte.

A menos que tus objetivos sean relevantes, no tienen cabida en tu programa de entrenamiento.

**Limitados en el tiempo**

Volvamos a los tres objetivos de ejemplo que hemos establecido:

1. Mejorar mi precisión en los tiros libres en un 20%.
2. Realizar 15 pases con éxito con mi pie más débil durante un partido.
3. Aumentar la velocidad de mi saque de tenis para alcanzar una velocidad de 90 mph de forma constante.

Están bien, pero aún hay que añadir algo. ¿Puedes ver qué es?

No hay plazos definidos.

Quieres mejorar tus tiros libres un 20%, genial, pero ¿cuándo quieres lograrlo? ¿en la próxima semana, en tres meses o en cinco años?

Debes establecer un plazo claro para tu objetivo y cumplirlo. Así que, hagamos el último ajuste a nuestros objetivos para que sean perfectos:

1. Mejorar mi precisión en los tiros libres en un 20% en las próximas 6 semanas.
2. Realizar 15 pases con éxito con mi pie más débil durante un partido en los próximos cuatro partidos.
3. Aumentar la velocidad de mi saque de tenis para alcanzar una velocidad de 90 mph de forma constante durante los próximos 6 meses.

Es fundamental fijar un plazo realista. Recuerda que quieres que ese objetivo sea desafiante pero alcanzable. Por lo tanto, tu instinto debería decirte: "Sí, puedo hacerlo, pero va a requerir compromiso y trabajo duro".

## OBJETIVOS A CORTO Y LARGO PLAZO

Ahora que hemos desglosado la fórmula de los objetivos SMART, examinemos cómo utilizarla eficazmente a lo largo del año. Los objetivos a corto plazo se construyen unos sobre otros para acercarte a tus objetivos a largo plazo.

Al descomponer un objetivo a largo plazo en metas diarias, tienes algo específico en qué concentrarte cada día. Siempre que puedas lograr tu meta diaria, el objetivo a largo plazo se gestionará solo.

**Objetivos a corto plazo**

**Diarios:** Son pequeños objetivos que puedes alcanzar en un solo día.

Podría ser practicar un movimiento específico durante un tiempo determinado o comer un bocadillo saludable después del entrenamiento.

*Ejemplo: Practicar pases de pelota con mi pie más débil durante 20 minutos después de clase.*

**Semanales:** Estos objetivos son un poco más grandes y duran una semana. Tal vez se trate de aumentar tu capacidad de realizar sprints o de asistir a todos tus entrenamientos programados.

*Ejemplo: Aumentar mi capacidad de realizar sprints añadiendo un sprint extra de 20 metros al final de cada serie durante el entrenamiento de esta semana.*

**Mensuales:** Estos objetivos duran un mes entero. Puedes fijarte objetivos como mejorar tus habilidades de control de la pelota o correr una distancia determinada sin parar.

*Ejemplo: Aumentar el número de veces que puedo hacer malabarismos con un balón de fútbol hasta 50 repeticiones sin que se caiga antes de que acabe el mes.*

**Objetivos a largo plazo**

**Trimestrales:** Estos objetivos duran tres meses. Es una oportunidad para ver cuánto has mejorado durante un periodo más largo. Por ejemplo podrías proponerte marcar un determinado número de goles en tus partidos de fútbol o correr un tiempo más rápido en tus carreras.

*Ejemplo: Disminuir mi tiempo medio de carrera en 1,0-1,5 segundos en la prueba de 800 metros de media distancia durante los próximos tres meses.*

**La pretemporada:** Son los objetivos que te marcas antes de que empiece tu temporada deportiva. Se trata de prepararte y practicar duro antes de que empiece tu temporada competitiva. La pretemporada es el momento perfecto para centrarte en mejorar los aspectos de tu juego que más te cuestan. Esto podría incluir la mejora de tu acondicionamiento cardiovascular, el desarrollo de tu conciencia táctica, la mejora de una habilidad técnica específica ¡o una combinación de las tres!

*Por ejemplo: Mejorar mis habilidades defensivas 1 contra 1 mediante una mejor colocación del cuerpo, conciencia del juego y toma de decisiones.*

**Temporada:** Querrás alcanzar estos objetivos durante la temporada deportiva. Puede ser ganar un campeonato, conseguir un determinado número de puntos, lograr un mejor tiempo personal o ayudar a tu equipo a llegar a las eliminatorias.

*Ejemplo: Conseguir una marca personal en una carrera de 100 m.*

**Anuales:** Estos son tus grandes sueños para todo el año. Puede incluir entrar en un equipo importante, mejorar tus habilidades lo suficiente como para pasar a un nivel superior de competición, o establecer un récord escolar en tu prueba especializada.

*Por ejemplo: Batir el récord escolar de salto largo.*

## OBJETIVOS DE PROCESO, RENDIMIENTO Y RESULTADO

Los objetivos pueden dividirse en tres tipos: de proceso, de rendimiento y de resultados.

**Los objetivos de proceso,** se centran en acciones, técnicas o comportamientos necesarios para lograr un resultado deseado. Por ejemplo, un arquero de fútbol podría fijarse como objetivo de proceso mejorar su tiempo de reacción mediante ejercicios de coordinación óculo-manual. Este tipo de objetivo permite que el deportista controle el resultado sin que influyan factores externos.

**Los objetivos de rendimiento,** comparan tu rendimiento con los resultados que has conseguido anteriormente o que te gustaría conseguir. Se utilizan para crear estándares o puntos de referencia que una persona puede fijarse para medir sus progresos. Por ejemplo, un arquero puede fijarse el objetivo de realizar seis atajadas por partido o tener un porcentaje de acierto en las atajadas del 80% en toda la temporada.

**Los objetivos de resultados** suelen estar relacionados con ganar un evento, un campeonato o alcanzar un rango o posición específicos. Para un arquero, esto podría incluir ganar un torneo o ser coronado arquero del año.

Deberías incluir los tres tipos de objetivos en tu estrategia de fijación de objetivos. Cada uno de ellos desempeña un papel crucial a la hora de guiar tu progreso y tu éxito. Los objetivos de proceso te ayudan a perfeccionar tus habilidades y tu técnica; los objetivos de rendimiento proporcionan puntos de referencia tangibles para mejorar; y los objetivos de resultado te mantienen centrado en tu objetivo final.

Al incluir los tres tipos, creas un enfoque completo que maximiza tus posibilidades de alcanzar tu máximo potencial como atleta.

## SEGUIMIENTO DE LOS PROGRESOS

Fijar objetivos es como hacer un plan para llegar a donde quieres ir. Pero a veces hay que ajustar los planes. Puede ocurrir que mejores en una habilidad más rápido de lo que pensabas, o que te enfrentes a algunos retos que no esperabas. Tal vez necesites trabajar un poco más en una habilidad, o tú y tu entrenador se den cuenta de que deberían centrarse en algo totalmente distinto, ¡y no pasa nada!

Los objetivos no son inamovibles. Son más bien puntos de referencia para mantenerte en el buen camino. Evaluando continuamente dónde te encuentras, te asegurarás de que tus objetivos sigan siendo relevantes y alcanzables, lo que te permitirá adaptarte a las nuevas circunstancias y seguir avanzando hacia tus objetivos finales.

Así que, tanto si chequeas tus progresos semanalmente como si hablas con tu entrenador y tus compañeros de equipo, recuerda monitorear tus progresos.

## SUPERAR BARRERAS Y BLOQUEOS MENTALES

¿Tienes la sensación de que algo te impide dar lo mejor de ti mismo durante la competición? Puede ser que hayas dominado una habilidad concreta durante meses de práctica, pero cuando llega el momento del partido, cometes errores.

Quizás tu mente estaba nublada por dudas, distracciones o miedos. A esto lo llamamos bloqueos mentales. Aquí tienes algunos bloqueos o barreras habituales a las que debes prestar atención:

- **Miedo al fracaso:** ¿Alguna vez te has sentido paralizado por el miedo a cometer errores o a no cumplir las expectativas?
- **Perfeccionismo:** ¿Te esfuerzas constantemente por conseguir el juego perfecto, fijándote unos niveles de exigencia imposiblemente altos?
- **Miedo a las lesiones:** ¿La idea de lesionarte te impide asumir riesgos o superar tus límites?
- **Poca confianza en ti mismo:** ¿Te cuesta creer en ti mismo y en tus capacidades?
- **Parálisis por análisis:** ¿Te sientes abrumado por pensar demasiado cada movimiento e incapaz de tomar decisiones rápidamente?
- **Dificultad para mantener la concentración:** ¿Las distracciones del público o de otros jugadores suelen desviar tu atención del juego?
- **Fatiga mental y agotamiento:** ¿Te sientes mentalmente agotado y exhausto por las presiones de la competición?

Si alguna de estas situaciones te resulta familiar, no te preocupes. Reconocer estas barreras es el primer paso para superarlas.

**Estrategias para superar los bloqueos**

Todo atleta de éxito ha tenido que superar bloqueos mentales para dejar brillar su máximo potencial. He aquí algunas estrategias que te ayudarán a superar las barreras mentales que pueden estar frenándote:

**Utiliza palabras clave:** Elige palabras clave simples y positivas como "fuerte" o "presente" para mantenerte centrado y motivado durante las competiciones. Repite estas palabras en tu cabeza durante el partido para mantenerte concentrado.

Muchos atletas de élite han utilizado palabras clave de esta misma forma. Aquí tienes algunos ejemplos:

- Michael Jordan: Enfoque
- Serena Williams: Rebote
- Usain Bolt: Impulso
- Tom Brady: Esfuerzo
- Simone Biles: Potencia
- Kobe Bryant: Siguiente

La palabra clave de Kobe le ayudaba a superar los errores y a centrarse en la siguiente jugada.

**Céntrate en lo que puedes controlar:** Intenta evitar centrarte en las cosas que no puedes controlar, como el tiempo, el público o una mala decisión del árbitro. En lugar de eso, céntrate en lo que puedes controlar: tu mentalidad, tu preparación y tu esfuerzo.

También debes centrarte en lo que quieres conseguir, no en lo que puede salir mal. Has puesto todo el trabajo duro en la práctica; y ahora te toca ejecutarlo. Por tanto, visualízate realizando ese golpe perfecto. Se trata de cambiar tu mentalidad del miedo a la confianza.

Ahora bien, cuando hablamos de cambiar de mentalidad, en realidad, todo se reduce a la disciplina. No siempre puedes controlar lo que te viene a la mente. Por ejemplo, cuando recibes el balón y estás en posición de lanzamiento, a veces no puedes evitar el pensamiento de "voy a fallar". Pero puedes tomar la decisión de no pensar en ello y sustituirlo por una mentalidad positiva.

Así que, cada vez que te venga un pensamiento negativo a la cabeza, deséchalo. No debe tener cabida ahí. Sustitúyelo inmediatamente por una palabra o frase positiva como "Puedo hacerlo".

**Bloquea las distracciones:** Practica el bloqueo de las distracciones entrenando tu mente para que se centre exclusivamente en una tarea. Se trata de una habilidad que puedes desarrollar como cualquier otro elemento técnico de tu deporte. Aquí tienes un ejercicio para ayudarte a hacerlo:

*Siéntate frente al televisor, silencia el volumen y levanta el pulgar frente a la pantalla. Concéntrate sólo en la imagen de tu pulgar, ignorando la distracción de lo que ocurre en la pantalla del televisor que hay detrás. Hazlo durante 15 segundos. Repítelo a diario hasta que puedas dedicar un minuto completo de atención a la imagen de tu pulgar sin distraerte con la pantalla ni nada de lo que tienes alrededor.*

Otra forma de entrenarte para bloquear las distracciones es poner música o ruidos fuertes durante tus sesiones de entrenamiento. Por ejemplo, pon una grabación de un público aplaudiendo (¡o incluso abucheando!) mientras practicas tus tiros libres en baloncesto o tus tiros libres en fútbol.

**Juega por ti:** Practicas este deporte porque es lo que te gusta. No es para impresionar a tus compañeros de clase, complacer a tus padres o mantener a tu entrenador satisfecho. Así que deja de intentar complacer a todas esas otras personas. No permitas que el miedo a avergonzarte o a decepcionar a los demás te frene.

**Mantente presente:** Toma ejemplo de Kobe Bryant; él se enseñó a sí mismo a centrarse sólo en lo que estaba ocurriendo en el momento presente. Lo que ocurrió en el minuto pasado ya no existe. Lo que ocurrirá en el minuto siguiente es irrelevante. Lo único que importa es lo que hará en los 15 segundos siguientes.

## EL ROL DE LA PREPARACIÓN MENTAL

Todo el entrenamiento físico y las largas horas dedicadas a perfeccionar tus habilidades no van a significar nada si no puedes soportar la presión de la competición. Por eso, tienes que dedicar tiempo a prepararte mentalmente para afrontar ese desafío. Empleando estrategias como la visualización del éxito y la práctica de la atención plena, puedes asegurarte de que tu mente esté tan preparada como tu cuerpo para rendir cuando más importa.

Así que, hablemos del entrenamiento cerebral. Podemos dividir el cerebro en dos partes:

- El consciente
- El subconsciente

El cerebro consciente es donde se produce el pensamiento. Lo estás utilizando ahora mismo mientras procesas estas palabras. También es donde se almacenan los recuerdos.

El cerebro subconsciente es la parte que te permite hacer cosas sin pensar. Controla la memoria muscular, permitiéndote funcionar con el piloto automático. Si alguna vez has oído hablar sobre los atletas de élite que operan "en la zona" (un estado de máximo rendimiento donde todo fluye sin esfuerzo), su cerebro subconsciente ha tomado el control y son capaces de actuar sin pensamiento consciente.

Un ejemplo clásico fue el de Michael Jordan en el 5º partido de las Finales de la NBA de 1997. Jordan empezó el partido con lo que todo el mundo pensó entonces que era gripe (sin embargo, años más tarde se supo que sufría una intoxicación alimentaria). Aun así, nadie lo habría notado: anotó 38 puntos, ¡incluyendo el tiro ganador del partido en el último segundo!

Esto es lo que dijo Jordan tras la victoria:

*"Fue como estar en piloto automático. Simplemente estaba sucediendo. Simplemente estaba ahí, haciendo lo que hago".*

Jordan había entrenado durante miles de horas, y una parte de su cerebro llamada cerebelo lo recordaba tan bien que ni siquiera tenía que pensar en lo que estaba haciendo.

Tu objetivo al competir es permitir que tu cerebro subconsciente tome el control, de modo que actúes sin pensar conscientemente en ello. Cuando lo consigas, no tendrás que preocuparte de pensar demasiado o de meter la pata, porque estarás en piloto automático, ¡igual que Mike!

Entonces, ¿cómo activas el cerebro subconsciente mientras desactivas las partes conscientes durante la competencia?

Es muy sencillo: ¡Practica mucho!

Cuanto más practiques una habilidad, más la "grabarás" en tu cerebelo para que tu piloto automático entre en acción cuando sea necesario.

Al mismo tiempo, tienes que controlar tu cerebro consciente. Confía en tu entrenamiento y dile a tu cerebro consciente que se aparte para que la parte subconsciente pueda hacer lo suyo.

En realidad, todo se reduce a salir de tu propio camino. Aquí tienes un par de consejos que te ayudarán a conseguirlo:

**Conoce tus desencadenantes:** Todos tenemos desencadenantes que nos afectan. Tienes que identificar cuáles son los tuyos. Puede ser algo que ocurre en casa antes de llegar al partido, o tal vez un determinado jugador rival o algo que diga tu entrenador.

La mejor manera de identificar tus desencadenantes es llevar un diario de autorreflexión. Escribe cómo te sientes antes, durante y después de un partido o sesión de entrenamiento. Incluye lo que te hizo sentir así y, al final de la semana, revisa tu diario y busca patrones de lo que podrían ser tus desencadenantes.

Una vez que hayas identificado cuáles son, elabora un plan para deshacerte de ellos. Esto puede implicar hablarlo con tus padres o tu entrenador, o poner en práctica estrategias como técnicas de respiración para calmar tu mente consciente.

**Céntrate en el proceso, no en el resultado:** Juegas para ganar, pero no debes dejar que ese resultado te agobie. La presión por ganar puede acumularse hasta el punto de impedirte jugar tu juego naturalmente. En lugar de eso, céntrate en lo que tienes que hacer en el momento presente y deja que el resultado se maneje por sí mismo.

## VISUALIZACIÓN

La visualización es una herramienta de entrenamiento mental que muchos de los mejores atletas del mundo utilizan para mejorar su rendimiento. Consiste en crear una imagen mental realista de ti mismo desempeñándote en la competencia que se aproxima. La visualización te permite crear una película en tu mente, con todas las imágenes, sonidos y emociones de la competición real.

Te proporciona la capacidad de ejecutar un guion mental de cómo quieres que se desarrollen las cosas en el fragor de la competición. Cuando estés en medio de la acción, no querrás pensar en lo que tienes que hacer. Recordarás que el cerebro consciente necesita estar apagado para que el cerebro subconsciente permita que tus instintos tomen el control. La visualización se complementa con muchas prácticas de técnica y habilidades para que esto se vuelva efectivo.

Sin embargo, algunas personas consideran que la idea de la visualización es un poco extraña, ¡incluso incómoda! Podrían considerar que no es más que una ilusión. Si te sientes así, necesito que mantengas la mente abierta en este caso.

La visualización no es una idea mística, etérea y fantasiosa. Un estudio tras otro ha demostrado que funciona. También es utilizada por casi todos los atletas profesionales exitosos en el planeta. Así que, si es lo suficientemente buena para las superestrellas de tu deporte, probablemente sea algo que debas tomarte en serio, ¿verdad?

La visualización te ayudará a manejar la presión. Sin embargo, una visualización eficaz no sólo incluye que las cosas salgan según lo planeado de forma impecable. Esa es una parte vital, pero para estar realmente preparado, también deberías visualizar situaciones en las que las cosas no salen como tú quieres. Visualízate reaccionando instintivamente, ajustándote y pasando directamente a la siguiente jugada.

Eso es lo que hizo la leyenda de la natación Michael Phelps. Una vez le dijo a un periodista: "Cuando visualizo, veo lo que quiero que suceda, lo que no quiero que suceda y lo que podría suceder. Siempre estoy preparado, pase lo que pase".

Lo realmente interesante de la visualización es que nuestros cerebros reaccionan de forma muy parecida a las imágenes mentales reales y a las repetidas. Por ejemplo, si te visualizas a ti mismo lanzando con éxito un penal cien veces, te sentirás muy seguro cuando des el paso de lanzarlo en la vida real.

...Entonces, ¿estás preparado para probar la visualización?

Aquí un práctico acrónimo para ayudarte a recordar cómo hacerlo:

**PETTLEP (FETTAEP en español)**

Representa lo siguiente:

- Físico
- Entorno
- Tarea
- Tiempo
- Aprendizaje
- Emoción
- Perspectiva

Para ilustrar cómo aplicar cada uno de los pasos de FETTAEP, tomemos como ejemplo a un joven golfista:

**Físico:** Hazte una imagen vívida de todos los aspectos de ti mismo a punto de golpear la pelota. Imagina que llevas puesta tu ropa de golf. Visualízate seleccionando el palo, acercándote a la bola, qué sientes al agarrar el palo con las manos, mirando hacia dónde quieres conducir la bola por el fairway, posicionando tus pies y luego mirando hacia abajo, hacia la bola.

**Entorno:** Imagina la multitud, los árboles, el viento y el fairway que se extiende ante ti. Escucha el silencio de la multitud, huele el aire fresco y siente el terreno bajo tus pies.

**Tarea:** Concéntrate en las acciones necesarias para golpear la bola. Piensa en el backswing y el downswing, en la conexión con la bola y, finalmente, en el seguimiento perfecto para ver cómo la bola se desliza sin esfuerzo por el centro del fairway.

**Tiempo:** El tiempo que tardas en realizar el golpe en tu película mental debe ser el mismo que en la vida real. A medida que pasas de un hoyo al siguiente, tus golpes deben durar lo mismo.

**Aprendizaje:** Tus imágenes mentales deben evolucionar para incluir las nuevas habilidades que has desarrollado. Por ejemplo, a medida que mejora tu putting, debes crear un nuevo guion mental que incluya esta habilidad mejorada.

**Emoción:** Imagina las emociones que sentirías en una situación de la vida real. Incluye la sensación tanto de ganar como de perder, de dar un gran golpe y de fallar un putt fácil. Esto te ayudará a prepararte plenamente para lo que puedas encontrarte en el campo de golf.

**Perspectiva:** Mientras miras hacia abajo, observa tus manos, el palo y la pelota desde tu propio punto de vista interno. Luego, obsérvate a ti mismo como si fueras un espectador situado a unos metros de distancia. Visualizar la tarea tanto desde un punto de vista interno como en tercera persona puede ayudarte a mejorar la conciencia de ti mismo y de tu técnica en general.

Veamos ahora cómo utilizar la visualización para ayudarte a prepararte para los desafíos a los que te has enfrentado anteriormente al competir. Este proceso consta de tres pasos:

**Paso 1:** Escribe tres áreas en las que hayas tenido problemas en el pasado. Puede ser que pienses demasiado una jugada y luego la estropees, o que te frustres cuando una jugada no te sale y pierdas la concentración durante los 30 segundos siguientes. Sean cuales sean los problemas, toma un bolígrafo y anótalos aquí:

Problema número 1:

_____

_____

_____

Problema número 2:

_____

_____

_____

Problema número 3:

_____

_____

_____

**Paso 2:** Busca un lugar sin distracciones y siéntate o recuéstate. Cierra los ojos y deja que tu cuerpo se relaje por completo. Ahora, crea una imagen vívida de ti mismo en una situación competitiva en la que normalmente enfrentas el primer problema de tu lista. Utiliza el marco FETTAEP para que la imagen sea lo más precisa posible. Las emociones deben ser tan reales que tu ritmo cardíaco aumente y te suden las manos.

**Paso 3:** Al enfrentar la situación desafiante, cambia el guion para responder de la manera que deseas, en lugar de como estás acostumbrado. Por ejemplo:

- En lugar de paralizarte cuando piensas demasiado una jugada, visualízate adaptándote rápidamente y tomando con seguridad decisiones en fracciones de segundo, confiando en que tus instintos te guiarán a través de la situación de forma impecable.
- En lugar de frustrarte y enfadarte cuando una jugada no sale como habías planeado, imagínate manteniendo la calma y volviendo a centrarte inmediatamente en la tarea que tienes entre manos, canalizando esa frustración en una renovada determinación de triunfar.

Una vez que hayas visualizado con éxito cómo afrontar tu primer problema, pasa al siguiente siguiendo el mismo proceso. Cuanto más practiques cómo afrontar múltiples desafíos, menos probable será que estas situaciones te molesten durante la competición, lo que te llevará a una actuación más segura y fluida.

**Práctica de visualización**

La visualización es una poderosa herramienta de entrenamiento, pero como cualquier otra técnica sólo es eficaz cuando se utiliza con constancia. Te animo a que empieces a convertirla en una práctica habitual, idealmente a diario.

El mejor momento para practicar la visualización es cuando puedes dedicarle una atención concentrada sin distracciones. Muchos atletas visualizan a primera hora de la mañana mientras están recostados en la cama. Además de todos los demás beneficios de la visualización, también ayuda a establecer un tono positivo para el resto del día.

Otros, como Michael Phelps, practican la visualización antes de irse a dormir por la noche. A menudo incluyen un repaso de su día, el refuerzo de sus objetivos y la preparación mental para las actividades del día siguiente.

Practicar técnicas de visualización antes del entrenamiento y la competición también puede ser muy valioso, y suele ser una parte vital de la rutina de calentamiento mental de todo atleta profesional. No obstante, profundizaremos en las técnicas de visualización para el entrenamiento y la competición en capítulos posteriores.

## EL RINCÓN DE LOS PADRES: VISUALIZACIÓN

La visualización es una poderosa habilidad que tu hijo debería considerar añadir a su caja de herramientas de entrenamiento mental. Para que esto suceda, es importante que estés de acuerdo con esta práctica. Sin embargo, es posible que te preguntes si hay alguna base sólida que respalde su inclusión.

Pues bien, aquí tienes algunos estudios que te ayudarán a sentirte más tranquilo:

Un estudio de 2022 publicado en el American Journal of Multidisciplinary Research and Innovation analizó varios trabajos sobre visualización revisados por expertos. Los investigadores concluyeron que la visualización es "una herramienta fantástica que los atletas pueden utilizar para establecer la mentalidad necesaria para alcanzar objetivos a corto y largo plazo, y que los entrenadores deberían enseñar a los atletas más jóvenes la visualización de una forma que resulte fácilmente accesible y divertida".

Otro estudio exploró la relación entre las imágenes mentales, la madurez física y el rendimiento deportivo entre 40 jugadores de fútbol de entre 10 y 17 años de edad. La investigación evaluó su capacidad para cambiar de dirección tras utilizar imágenes mentales y descubrió que los jugadores más maduros físicamente demostraban cambios direccionales superiores. En cambio, los atletas más jóvenes que aún no habían alcanzado la madurez física mostraron menos eficacia en su rendimiento. Esto llevó a los autores a recomendar la aplicación temprana del entrenamiento con imágenes mentales para ayudar a mejorar el rendimiento en los atletas más jóvenes, cuyas vías neuromusculares aún se están desarrollando.

Por último, una revisión sistemática de la investigación de 2019 examinó 20 estudios previos en los que participaron 835 atletas de 12 deportes diferentes. Todos estos estudios evaluaron el impacto que el entrenamiento de visualización tenía en el rendimiento. Se demostró una mejora de la habilidad en todos los deportes, y los programas de visualización de mayor duración produjeron mayores mejoras. No se observaron diferencias en la mejora de las habilidades entre los deportistas principiantes, intermedios y de élite. Los investigadores concluyen que: "La visualización ha demostrado ser una técnica increíblemente versátil para el desarrollo de habilidades relacionadas con el deporte. La presente revisión respalda el uso de la visualización para el desarrollo de habilidades, con resultados que demuestran su eficacia en toda una gama de habilidades y capacidades".

## EL PODER DE LA RUTINA

Todos los equipos y atletas realizan una rutina de calentamiento antes de competir. Suele incluir un poco de footing ligero, algunos estiramientos dinámicos y una serie de ejercicios de agilidad. Pero, ¿has pensado alguna vez en tu calentamiento mental?

...No hay muchos atletas que lo hagan.

Sin embargo, si quieres superar los desafíos mentales de la competición, tienes que tener una rutina previa a la competencia que te ayude a prepararte mentalmente para ello.

Cuanto más constante sea tu preparación mental, más constante será tu rendimiento. Tu rutina previa a la competición debe incluir las siguientes estrategias:

1. **Activa tu enfoque:** Recuérdate a ti mismo tus objetivos de juego y en qué te vas a centrar cuando juegues. Como ya hemos dicho, debes centrarte en el momento presente, no en el resultado.
2. **Alimenta tu confianza:** Piensa en todas las razones por las que estás preparado para rendir bien: toda la práctica, el desarrollo de habilidades y la determinación que has demostrado. Confía en tu entrenador y en tus compañeros, sabiendo que te cubren las espaldas y que tú les cubres las suyas.
3. **Visualiza tu actuación:** Siéntate cómodamente, cierra los ojos y ensaya mentalmente tu actuación. actuando con destreza, ejecutando las tareas con facilidad y teniendo éxito.
4. **Confía en tus habilidades:** Recuérdate a ti mismo que has hecho el trabajo preliminar necesario; confía en tu entrenamiento, y que ahora es el momento de salir ahí fuera y ejecutar lo aprendido.
5. **Abraza esos nervios previos:** Todo el mundo experimenta lo que llamamos "mariposas" en los momentos previos a un partido. Tu ritmo cardíaco late más deprisa y te sudan un poco las palmas de las manos. Significa que tu cuerpo se está preparando para actuar. En lugar de considerar negativas estas mariposas previas al partido, acepta que están ahí para darte la inyección de adrenalina necesaria para rendir al máximo.

Crear una rutina previa a la competición que sea adecuada para ti es muy importante. Es como tener tu propia receta especial para el éxito.

Para que esto ocurra, prueba distintas cosas durante el calentamiento previo a la competencia. Observa qué te ayuda a sentirte más preparado y confiado. Puede ser hacer ejercicios mentales, estirarte de una forma determinada o escuchar tu música favorita.

A medida que adquieras experiencia y aprendas más sobre ti mismo, descubrirás qué técnicas te preparan mejor para la competición.

Así que sigue experimentando, mantente abierto a probar cosas nuevas y recuerda modificar tu rutina a medida que avanzas.

## CAPÍTULO DOS: TRES PUNTOS CLAVE EN LOS QUE DEBO TRABAJAR

Necesito:

_____
_____
_____

Cómo lo haré:

_____
_____
_____

Cuándo comprobaré mi progreso:

_____
_____
_____

# TRES
# TÉCNICAS PARA EL ENTRENAMIENTO DIARIO

Hasta ahora, hemos explorado potentes estrategias para ayudarte a mantener la concentración y dejar que tus habilidades brillen durante la competición. En este capítulo, damos un paso atrás para explorar técnicas que potencien tu entrenamiento diario.

Gran parte de tu tiempo en el deporte lo pasas entrenando. Es donde desarrollas las habilidades que necesitas para triunfar en la competición. A menos que desarrolles una fuerte mentalidad de entrenamiento, te resultará difícil mantener la constancia en tus entrenamientos, lo que puede llevarte a perder sesiones. También podrías desanimarte cuando te cueste dominar una nueva habilidad o cuando tu entrenador te señale un área en la que deberías mejorar.

Por lo tanto, es crucial establecer una mentalidad de entrenamiento sólida para mantenerte en el buen camino día a día.

# EL PODER DE LA AUTOCONVERSACIÓN POSITIVA

*Cree.*
-Ted Lasso

Conversamos con nosotros mismos todo el tiempo. Probablemente lo estés haciendo ahora mismo. A veces, las cosas que nos decimos a nosotros mismos no son muy alentadoras. Esta autoconversación negativa es como un crítico literario dentro de nuestra mente, ¡uno al que no le caemos muy bien!

Esta charla interior puede afectar significativamente tu rendimiento, ya sea en los entrenamientos o durante la competición. Imagina que te preparas para lanzar un tiro penal en el fútbol. Si tu discurso interior está lleno de dudas y críticas del tipo "Siempre los fallo" o "No soy lo suficientemente bueno", lo más probable es que tu rendimiento se vea afectado. En cambio, si te enfrentas a la situación con un discurso positivo - "He practicado esto infinidad de veces" o "¡Puedo hacerlo!"-, es más probable que estés a la altura de las circunstancias.

Probablemente reconozcas que la autoconversación negativa forma parte de una mentalidad fija. Sin embargo, como ya hemos descubierto, puedes deshacerte de esa mentalidad y sustituirla por una mentalidad de crecimiento. Parte del proceso consiste en eliminar esos pensamientos negativos de tu cabeza y sustituirlos por una autoconversación positiva.

### Reencuadre positivo

Para ser un atleta exitoso debes controlar tu discurso interno. Sin embargo, eso no significa que puedas evitar por completo que los pensamientos negativos entren en tu mente. Pero puedes desafiar esos pensamientos y transformarlos en positivos. A esto se le llama reencuadre positivo.

Supongamos que estás practicando tu tiro de tres puntos durante un entrenamiento de baloncesto. Sigues fallando. Empiezas a frustrarte y a pensar: "¡Soy un desastre en esto! ¡No tiene sentido intentarlo!". Sin embargo, en lugar de fijarte y obsesionarte con eso, cambia esos pensamientos.

Piensa en los momentos en los que has enfrentado dificultades con una habilidad, has practicado mucho y has mejorado. ¿Recuerdas lo satisfactorio que fue ver los progresos y alcanzar tus objetivos? Recuérdate a ti mismo que cada tiro fallado es una oportunidad para aprender y crecer. En lugar de obsesionarte con lo negativo, replantea la situación de forma positiva.

Dite a ti mismo: "Puede que ahora esté teniendo dificultades, pero con práctica y determinación, puedo dominar este tiro". Cambiando tu perspectiva, te empoderas para superar los desafíos y seguir luchando por alcanzar el éxito.

Sanya Richards Ross ha ganado cuatro veces la medalla de oro olímpica en los 400 metros lisos y en el relevo de 4x400 metros. Ella comenzó a aprender sobre el reencuadre positivo después de quedar tercera en los 400 metros lisos en las Olimpiadas de 2008, a pesar de ser la gran favorita para ganar el oro. Aquí tienes a Sanya hablando de cómo el reencuadre positivo la ayudó en los Juegos Olímpicos de 2012, donde obtuvo el oro:

*Cuando tenía un pensamiento negativo: "Bueno, no lo lograste en 2008", me decía: "Sí, es cierto, ¡pero lo estoy haciendo hoy!". Él [su psicólogo deportivo] me enseñó a combatir la negatividad... con positividad, y entonces cambias tus procesos de pensamiento para decir: He hecho una gran temporada, he ganado a todas estas chicas antes, estoy preparada, ¡me lo merezco!*

**Ejercicio de reencuadre positivo**

La autoconversación positiva no es natural. Cuando hacemos algo mal, nuestra reacción natural es decir algo como: "Wow, no puedo creer que haya fallado en esto, ¡soy tan inútil!"

La única forma de cambiar esa reacción natural es entrenar nuestra mente para eso. Así como repites una habilidad física miles de veces hasta que se vuelve automática, también tienes que practicar, repetir y memorizar la autoconversación positiva.

El primer paso es hacer una lista de tres pensamientos negativos que te dices a ti mismo. Esto puede incluir cosas abiertamente negativas como "¡Soy un desastre en esto!" o puede ser menos obvio, como "Me pregunto qué estará pensando el entrenador" o "Detesto jugar delante de este árbitro".

Estos pensamientos disminuirán tu confianza y te impedirán rendir al máximo. Así que anótalos:

1._____

2._____

3._____

Ahora, crea una lista alternativa que reformule cada pensamiento negativo como positivo. Aquí algunos ejemplos basados en mis afirmaciones negativas de hace un minuto:

- "Soy malísimo en esto" se convierte en "Puedo hacer esto".
- "Me pregunto qué estará pensando mi entrenador" se convierte en "Estoy centrado en mí".
- "Detesto jugar delante de este árbitro" se convierte en "Yo controlo mi actuación".

Escribe aquí tu lista alternativa:

1._____

2._____

3._____

Tu tarea ahora consiste en repetirte tus frases positivas todos los días, no sólo una vez, sino tantas veces como puedas. Debes memorizar esas frases para que se conviertan en algo natural para ti.

Lo que estás haciendo aquí es alterar tus patrones naturales de pensamiento. Estás haciendo que las afirmaciones positivas sean mucho más naturales de decir y pensar. Te vendrán automáticamente, incluso bajo la presión de una situación de juego o cuando estés en medio de un entrenamiento que no está saliendo bien.

Este reencuadre positivo es una herramienta poderosa, pero sólo funciona si la practicas con regularidad. Eso significa que tienes que seguir memorizando esas afirmaciones positivas, no sólo durante unos días, sino durante semanas, hasta que se conviertan en tus patrones de pensamiento habituales. Debes repetírtelas activamente durante los entrenamientos y los partidos.

## CUATRO TIPOS DE AUTOCONVERSACIÓN

Hay cuatro tipos de autoconversación que debes conocer en el deporte. Estos son:

1. Calmante ("Respira")
2. Instructiva ("Controla el balón")
3. Motivacional ("¡Tú puedes!")
4. Enfoque ("Próxima jugada")

Necesitas saber qué tipo utilizar en diferentes situaciones. Así que vamos a intentarlo. Para cada una de las cuatro situaciones siguientes, quiero que escribas el número de autoconversación de arriba que consideres que mejor se ajusta a ella:

[ ] Situación A: Acabas de recibir el balón de baloncesto y estás a punto de avanzar para hacer un tiro de bandeja.

[ ] Situación B: Faltan 20 segundos para la hora del partido y la banda acaba de tocar el himno nacional.

[ ] Situación C: Te acercas a lanzar un tiro penal en fútbol.

[ ] Situación D: Pierdes el balón ante un jugador contrario.

Aquí no hay respuestas correctas o incorrectas. Es probable que utilices más de un tipo en cada situación. Por ejemplo, al avanzar hacia la canasta, podrías empezar con un mensaje motivacional, como "¡Tú puedes!", y luego cambiar a uno instructivo, como "Controla el balón".

Por cierto, hay una investigación interesante sobre cómo nos dirigimos a nosotros mismos cuando utilizamos la autoconversación. Los investigadores de la Universidad de Michigan pidieron a unos sujetos que prepararan un discurso, pero sólo les dieron cinco minutos para hacerlo. A un grupo se le dijo que utilizara el pronombre en primera persona "yo" al hablar consigo mismos para preparar el discurso. Al otro grupo se le indicó que usara el pronombre en segunda persona "tú".

Al final de los cinco minutos, los investigadores preguntaron a los sujetos qué se habían dicho a sí mismos.

Bueno, ¿adivina qué?

Las personas que habían utilizado el "yo" eran más negativas en su autoconversación. Decían cosas como:

- "No puedo hacerlo; no hay tiempo suficiente".
- "Soy malísimo para los discursos".
- "Necesito días para prepararme para algo así".

Pero las personas que utilizaron el "tú" para dirigirse a sí mismos fueron mucho más positivas, con comentarios como:

- "Tú puedes hacerlo".
- "Sólo tienes que concentrarte".
- "Eres bueno para los discursos".

¿Cuál es la razón de esta diferencia? Los investigadores creen que se debe a que cuando te hablas a ti mismo como si fueras otra persona, te conviertes en tu propio entrenador. Creas distancia contigo mismo, lo que te hace sentir menos emocional.

La conclusión de este estudio es que experimentes a utilizar el "tú" en lugar del "yo" en tu autoconversación positiva. Si ese pequeño truco funciona, ¡genial!

## DIARIO DE ENTRENAMIENTO

Como atleta, la capacidad de registrar tus actuaciones durante el entrenamiento y la competencia puede ser invaluable. Llevar un diario es algo muy personal que te permite reflexionar no sólo sobre tu rendimiento físico, sino que también te da la oportunidad de expresar tus pensamientos y sentimientos. Estos pueden incluir la emoción de ganar un partido, o la decepción y frustración que supone sufrir una lesión.

Volcar tus sentimientos y sensaciones sobre el papel puede inspirarte, restablecer y centrar tu mente. Cuando pienses qué escribir en tu diario, hazte este tipo de preguntas:

- ¿En qué aspectos del entrenamiento/partido de hoy me ha ido bien?
- ¿Qué acciones o estrategias concretas han contribuido a mi éxito?
- ¿En qué áreas podría haber actuado mejor?
- ¿Qué factores o desafíos obstaculizaron mi rendimiento?
- ¿Qué haré para abordar estas cuestiones en el futuro?

Considerar lo anterior te ayudará a mantenerte responsable respecto a tu entrenamiento diario, a rastrear patrones de rendimiento y a establecer objetivos a corto y largo plazo. Llevar un diario fomenta una autoevaluación constante y te proporciona la oportunidad de reflexionar sobre quién eres (o quién deseas ser) como atleta.

**Diario de gratitud**

La gratitud implica mostrar una actitud positiva o aprecio por las personas, lugares u otras cosas en la vida que reconocemos que tenemos la suerte de tener. Un diario de gratitud puede ayudar a los atletas a desarrollar una mentalidad de crecimiento, aumentar la motivación o relativizar contratiempos como las derrotas competitivas o las lesiones. Cuanto más utilices el diario de gratitud, más probable será que te sientas menos afectado por inconvenientes y, en cambio, encuentres un aspecto positivo para enfocar tu energía.

Por ejemplo, supongamos que tu partido se retrasa una hora porque el equipo contrario se encuentra en un atasco de tránsito inesperado. En lugar de frustrarte, aprovecha el tiempo para relacionarte más con tus compañeros de equipo, practicar técnicas de visualización o hacer preguntas a tu entrenador sobre las jugadas tácticas en las que ha estado trabajando tu equipo.

Al llevar un diario, muchos deportistas prefieren hacerlo por la mañana. Es una forma sencilla de empezar el día con una actitud positiva, que a su vez puede mejorar tu estado de ánimo para el día siguiente. Alternativamente, si se hace por la noche, puede permitirte reflexionar sobre lo que agradeciste durante ese día o reencuadrar cualquier actuación o acontecimiento no deseable que haya ocurrido. Esto puede aligerar mentalmente tu carga y terminar el día de forma optimista antes de irte a la cama. El momento del día que más te convenga es el que deberías elegir; no hay momentos correctos o incorrectos aquí.

Si eres nuevo en esto de llevar un diario, intenta pensar en al menos 3-5 personas o cosas por las que estés agradecido cada día y explica el motivo con el mayor detalle posible. Una buena práctica es empezar cada anotación de gratitud con una afirmación como "Estoy agradecido por..." o "Siento gratitud por tener..."

Aquí tienes algunos ejemplos de cómo podría ser una entrada en un diario de gratitud:

**Entrada de gratitud 1:** Estoy agradecido a mi entrenador por su apoyo constante. Especialmente hoy, cuando el equipo contrario marcó un gol como consecuencia de un error mío. En lugar de enfadarse conmigo, sus palabras de ánimo me ayudaron a mantenerme motivado y centrado en lo que tenía que hacer durante el resto del partido.

**Entrada de gratitud 2:** Estoy agradecido por tener acceso a nuestras instalaciones de entrenamiento cubiertas. Esta noche ha permitido a mi equipo seguir entrenando en lugar de cancelar el entrenamiento a causa de la tormenta.

**Entrada de gratitud 3:** Doy las gracias a mis padres por prepararme siempre comidas sanas después de entrenar o cuando compito. Me permiten rehidratarme y reponer en mi cuerpo los nutrientes que necesito para recuperarme y seguir rindiendo al máximo.

Aunque estos ejemplos puedan parecer triviales, practicar la gratitud puede ayudarte a apreciar mejor las cosas que a veces das por sentadas. También puede ayudarte a mantener una mejor perspectiva cuando te enfrentes a contratiempos no sólo en el deporte, sino en la vida en general.

## APROVECHAR LOS BENEFICIOS DE LA ATENCIÓN PLENA Y LA MEDITACIÓN

Puede que hayas oído hablar de la atención plena, también llamada mindfulness. En los últimos años se ha convertido en una estrategia popular para fomentar la conciencia mental. La atención plena implica prestar atención a lo que ocurre dentro de tu mente y en el mundo que te rodea. También requiere que tu atención se centre en el momento presente.

Eso significa no pensar en cosas que ya han ocurrido, como los errores, ni preguntarse qué ocurrirá en el futuro, como ganar o perder. Estás totalmente centrado en lo que ocurre ahora mismo.

El objetivo de la atención plena no es no pensar en nada. Es dejar que los pensamientos pasen a tu lado como las nubes, sin hacer juicios sobre ellos. También puedes pensar que es como ver pasar los coches en una autopista con mucho tráfico. No te subes a cada coche, sólo lo ves pasar.

Compáralo con cómo reacciona la mayoría de la gente ante los pensamientos. Siguiendo con la analogía, paran el coche, se suben y se van a un sitio al no tenían pensado ir. Se han dejado distraer y llevar por ese pensamiento.

Cuando esto ocurre durante el entrenamiento o la competición, tu mente y tu cuerpo van en direcciones diferentes. Tu cuerpo avanza, pero tu mente se ha ido a otra parte. ¡Eso no va a salir bien!

La investigación demuestra que la atención plena es una poderosa habilidad para los atletas. Un estudio de 2020 examinó el efecto de las prácticas de atención plena en la resistencia y el rendimiento de las habilidades. Se dividió a 46 atletas universitarios en dos grupos. Un grupo recibió un programa de entrenamiento en atención plena de cinco semanas, mientras que el otro no.

Los resultados demostraron que el grupo de atención plena tenía niveles significativamente más altos de resistencia durante la competición. También podían ejecutar las habilidades con mayor precisión y cometían menos errores durante los entrenamientos y las pruebas competitivas.

Hay tres principios fundamentales de la atención plena. Éstos implican:

1. No juzgar
2. Aceptar
3. Tener paciencia

**No juzgar** no es algo natural. Tenemos que entrenarnos para hacerlo, y necesitamos algunas herramientas y trucos mentales para conseguirlo. Uno de estos trucos es tener una "herramienta de limpieza". Se trata de algo en lo que te concentras para que actúe como punto de reenfoque.

Veamos un ejemplo:

Supongamos que eres un bloqueador de rugby y acabas de liberarte de un scrum. Te viene a la mente la idea de que el jugador contrario te ha dado un cabezazo intencionadamente. Puedes obsesionarte con ese pensamiento y dejar que aumente tu ira, o utilizar la atención plena para dejar que el pensamiento pase de largo.

Así que decides utilizar tu herramienta de limpieza para dejar atrás la situación. Para ello, seleccionas un punto del campo, como la parte inferior del palo de gol. Te concentras, sólo durante un segundo, en este punto, y actúa como una herramienta de recentrado. Te recuerda que no debes obsesionarte con el pensamiento, sino practicar la respiración profunda y la autoconversación positiva.

Para que esto funcione, debes elegir cuál será tu herramienta de limpieza antes de que comience la competición. Tampoco tiene que ser necesariamente algo como un punto en el campo. Puede ser cualquier cosa, desde una joya que lleves puesta hasta un acto físico como golpearte los talones. Siempre que sea algo que puedas utilizar repetidamente y que te permita restablecerte, elige lo que mejor funcione para ti.

**La aceptación** consiste en no castigarte por lo que acabas de hacer. Acéptalo y pasa a la siguiente tarea. ¿Recuerdas a Kobe Bryant? ¿Cuál era su palabra clave favorita? Vuelve al Capítulo 2 y compruébalo si no lo recuerdas.

Desarrollar una mentalidad sin prejuicios y de aceptación lleva tiempo. Ahí es donde entra en juego **la paciencia**. No puedes simplemente practicarlo unas cuantas veces y esperar dominarlo. Nuestras mentes suelen estar orientadas hacia la negatividad, ¡así que cambiar el guion requiere un verdadero esfuerzo!

**Atención Plena vs. Meditación**

La atención plena no es lo mismo que la meditación. La atención plena es una habilidad, mientras que la meditación es una herramienta para desarrollar esa habilidad. Existen muchos tipos de meditación, siendo la meditación Vipassana occidental un método popular entre los deportistas.

Este tipo de meditación se centra en tu respiración cuando entra y sale de tu cuerpo. Cuando tu mente divague, vuelve a centrar tu atención en la respiración cada vez. Esta práctica repetida refuerza tu capacidad de permanecer en el presente y mejora la atención plena en general. Es una forma de meditación fácil de utilizar en cualquier momento y lugar, especialmente como atleta.

**Las tres "A" de la Atención Plena**

El desarrollo de las habilidades necesarias para la atención plena puede dividirse en tres pasos:

1. **Atención.** Imagina que estás de pie al borde de la autopista, viendo los coches pasar. Fíjate en las marcas, los modelos y los colores. Haz lo mismo tomando conciencia de tus pensamientos, identificando el diálogo interno negativo.
2. **Aceptación.** Acepta la situación en la que te encuentras y lo que está ocurriendo; no discutas sobre ello en tu cabeza. Reconoce los pensamientos y sentimientos que experimentas en lugar de ignorarlos o negarlos.

3. **Ajuste.** Ahora que has aceptado lo que está ocurriendo, ajusta tu actitud o enfoque según sea necesario para cambiar tu mentalidad. Esto podría incluir convertir la autoconversación negativa en una afirmación positiva utilizando tus palabras clave.

Tener señales visuales que te recuerden aplicar estos tres pasos a lo largo del día puede ser útil. Las señales visuales pueden incluir notas adhesivas con las tres palabras "A" escritas en ellas. Colócalas en tu espejo, en tus libros de texto y en otros lugares donde las veas mientras realizas tus actividades diarias.

Otra pista visual podría ser algo que lleves puesto, como una muñequera, un cordón de color o un par de calcetines en particular. Cada vez que mires este objeto, te recordará que debes poner en práctica las tres A. Esto es especialmente beneficioso cuando entrenas o compites.

## TÉCNICAS DE MEDITACIÓN

Aquí tienes tres técnicas de meditación que puedes empezar a utilizar para desarrollar la atención plena. No hay una cantidad fija de tiempo que debas dedicarle, pero cuanto más a menudo lo hagas, más natural será tu pensamiento consciente. Empieza con unos minutos al día y sigue a partir de ahí.

Puede que la meditación no te resulte natural, por lo que es importante que seas paciente contigo mismo. Si tu mente empieza a divagar, guía suavemente tu atención de vuelta al momento presente sin juzgarte.

- **Meditación de escaneado corporal:** Recuéstate cómodamente y concéntrate en las distintas partes de tu cuerpo. Empieza por los dedos de los pies y asciende gradualmente hacia la cabeza. Observa cualquier zona de incomodidad o tensión, e intenta conscientemente relajar esos músculos mientras sigues escaneando. Esta práctica ayuda a cultivar la conciencia corporal y la relajación.

- **Meditación de caminata consciente:** Da un paseo tranquilo dentro de tu casa o al aire libre, y presta mucha atención a cada paso que das. Observa las sensaciones de tus pies al entrar en contacto con el suelo, el movimiento de tus piernas y el ritmo de tu respiración. Si tu mente empieza a pensar en otras cosas, vuelve a centrarte suavemente en las sensaciones físicas de caminar.
- **Meditación para tomar conciencia de la respiración:** Siéntate cómodamente en un lugar tranquilo. Concéntrate en tu respiración, prestando atención a las sensaciones de cada inhalación y exhalación y a la subida y bajada del pecho. De nuevo, si tu mente empieza a divagar, guíala de vuelta a la sensación de respirar sin frustrarte.

## EJERCICIOS DE RESPIRACIÓN PARA CONTROLAR LA ANSIEDAD Y EL ESTRÉS

Normalmente no pensamos en la respiración. Es un proceso automático que ocurre constantemente. Sabes que si dejas de respirar aguantando la respiración, tendrás problemas al cabo de un rato, ¡como desmayarte!

Pero, ¿sabías que puedes ser mejor atleta controlando activamente tu respiración? Durante décadas, los mejores atletas del mundo han utilizado la respiración para controlar el estrés y la ansiedad, y entrar en la zona de rendimiento óptimo.

Michael Jordan sabía lo importante que era utilizar la respiración para controlar la mente. En una ocasión comentó: "Es importante que los deportistas dominen las técnicas de respiración porque ayudan a calmar la mente y a reducir la ansiedad. En esos momentos de tensión en la cancha, la respiración profunda puede ayudarte a mantener la concentración y a ejecutar bajo presión".

Entonces, ¿cómo ayuda la respiración a hacer todas estas cosas?

Cuando te sientes estresado, como al inicio de un juego o cuando te enfrentas a un rival duro, tu cuerpo entra en lo que se llama "modo lucha o huida". Es la respuesta natural de tu cuerpo ante las amenazas. Tu ritmo cardíaco aumentará, tus músculos se tensarán y tu respiración será más rápida y superficial.

La respiración enfocada te permite controlar cómo reacciona tu cuerpo ante el estrés. Cuando respiras lenta y profundamente, envías al cerebro la señal de que todo va bien. Esto activa tu **sistema nervioso parasimpático**, que es lo contrario a la respuesta de lucha o huida.

El sistema parasimpático ayuda a tu cuerpo a relajarse y calmarse. Disminuye la frecuencia cardiaca, haciendo que tu cuerpo pase de un estado de alerta a otro de relajación tranquila. Al mismo tiempo, tus músculos liberan tensión y se aflojan. Te sentirás más relajado físicamente, más flexible y más ágil.

El sistema nervioso parasimpático también influye en tu mente. Al activar este sistema mediante la respiración controlada, puedes experimentar una sensación de claridad mental y calma. A medida que tu cuerpo se relaja, tu mente se preocupa menos por las preocupaciones y las distracciones. Esto te permite concentrarte más eficazmente en una tarea concreta, ya sea jugar el campo o resolver un problema en clase.

## CUATRO TÉCNICAS DE RESPIRACIÓN PARA JÓVENES ATLETAS

En las páginas siguientes se enumeran técnicas de respiración que puedes practicar en cualquier momento y lugar. Recomiendo utilizarlas durante la meditación para ayudarte a relajarte y a ser más consciente. También puedes utilizarlas siempre que estés estresado, ya sea en clase, en casa, durante la práctica o mientras compites.

Comienza cada sesión de entrenamiento con unos minutos de respiración concentrada para prepararte. Esto puede implicar una respiración diafragmática o respiración en caja para centrar la mente y calmar cualquier nerviosismo previo al entrenamiento.

Durante el entrenamiento, utiliza técnicas de respiración en los descansos. Por ejemplo, puedes practicar la respiración rítmica para recuperar el aliento entre series y repeticiones en el gimnasio.

Al final del entrenamiento, relájate con uno o dos minutos de visualización combinada con respiración diafragmática para ayudar a la recuperación y al restablecimiento mental.

También puedes añadir ejercicios de respiración a tu rutina de calentamiento. Empieza con ejercicios cardiovasculares suaves o estiramientos dinámicos, y luego pasa a ejercicios de respiración rítmica o en caja.

**Respiración diafragmática**

- Siéntate o recuéstate en una posición cómoda.
- Pon una mano en el pecho y la otra en el vientre.
- Inspira lentamente por la nariz, notando que el abdomen se eleva a medida que llenas los pulmones de aire.
- Intenta mantener el pecho relativamente quieto.
- Exhala lentamente por la boca, notando cómo desciende tu abdomen al soltar todo el aire posible de tus pulmones.
- Repite este proceso varias veces, concentrándote en que cada respiración sea profunda y suave.

**Respiración en caja**

- Imagina un cuadrado o una caja con cuatro lados.
- Inhala lenta y profundamente contando hasta cuatro mientras trazas un lado del cuadrado en tu mente.
- Luego, aguanta la respiración contando hasta cuatro mientras trazas el segundo lado del cuadrado.
- A continuación, exhala lentamente contando hasta cuatro mientras trazas el tercer lado del cuadrado.
- Por último, vuelve a contener la respiración contando hasta cuatro completando el cuadrado.

- Repite este proceso durante varias rondas, manteniendo un ritmo constante. Si no llegas a los 4 segundos al principio, no pasa nada.

**Respiración rítmica**

- Encuentra un ritmo cómodo para tu respiración, como inhalar contando hasta tres y luego exhalar contando hasta tres.
- Concéntrate en mantener este ritmo durante toda tu práctica respiratoria.
- Puedes ajustar el recuento para adaptarlo a tu nivel de comodidad, pero intenta conseguir un patrón equilibrado y coherente.
- Presta atención al flujo natural de tu respiración e intenta sincronizarlo con el ritmo elegido.

**La técnica 4-7-8**

- Siéntate o recuéstate en una posición cómoda con la espalda recta.
- Coloca la punta de la lengua justo detrás de los dientes frontales superiores, manteniéndola ahí durante todo el ejercicio.
- Cierra la boca e inspira por la nariz contando hasta cuatro.
- Ahora mantén la respiración mientras cuentas hasta siete.
- A continuación, exhala completamente por la boca, haciendo un silbido mientras cuentas hasta ocho.
- Repite este ciclo durante un total de cuatro respiraciones.
- Mientras practicas, intenta relajar los músculos faciales y cualquier tensión del cuerpo.

## ESTABLECER UNA MENTALIDAD DE ENTRENAMIENTO COHERENTE

Cuando se trata de entrenar tu mente, la constancia es la clave. Te ayuda a construir disciplina y aumenta tu confianza, porque sabes que te esfuerzas día tras día. La práctica constante también ayuda a fortalecer tu mente, haciéndote mentalmente fuerte cuando las cosas se ponen difíciles durante la competición.

Al igual que tienes un horario para la escuela y los entrenamientos, tener uno para tu entrenamiento mental también es esencial.

Dedica un tiempo cada día a realizar ejercicios que refuercen tu juego mental, como la visualización, la autoconversación positiva, la meditación, escribir en tu diario y los ejercicios de respiración que hemos tratado en este capítulo. Estudiar la mentalidad de los atletas exitosos que admiras también puede ser beneficioso. Aprende sobre sus rutinas, rituales y estrategias mentales, y luego incorpora a tu propia rutina los elementos que resuenen contigo.

## CAPÍTULO TRES: TRES PUNTOS CLAVE EN LOS QUE DEBO TRABAJAR

Necesito:
_____
_____
_____


Cómo lo haré:
_____
_____
_____


Cuándo comprobaré mi progreso:
_____
_____
_____

# CUATRO
# APLICAR LA FORTALEZA MENTAL EL DÍA DE LA COMPETICIÓN

Conoces esa sensación del día de la competición: se te acelera el corazón, te sudan las palmas de las manos, tienes esas "mariposas" en el estómago... saber que tienes que rendir a veces puede sacar lo mejor de ti. Sin embargo, como ya hemos visto, tienes el poder de aprovechar esa energía y convertirla en tu arma secreta del día de la competencia.

En este capítulo descubrirás las estrategias mentales de los mejores atletas del mundo para superar los nervios del día del partido, transformar la ansiedad en emoción y superar la presión del rendimiento. Desde los rituales previos al partido que te ponen en "la zona" hasta las técnicas para mantener la concentración bajo presión, descubriremos los secretos para liberar todo tu potencial cuando más importa.

## PREPARACIÓN PREVIA A LA COMPETICIÓN: PON TU MENTE EN LA ZONA

Lo que hagas en el tiempo previo a la competición puede ser decisivo para tu rendimiento. Es demasiado importante para dejarlo al azar. Por eso necesitas una rutina previa que garantice la constancia.

Todos los atletas exitosos tienen una rutina previa a la competición. Su finalidad es permitirte exprimir al máximo las horas y minutos previos a la competición para garantizar que rindas al máximo.

Encontrar la rutina ideal para ti antes de la competición lleva tiempo. Tienes que probar cosas diferentes, experimentar con diversas estrategias y ajustar la rutina para descubrir lo que mejor funciona para ti. Pero debe incluir una preparación tanto física como mental.

Puedes empezar con ligeros estiramientos. Luego, escucha tu lista de reproducción favorita para entrar en "la zona". Visualizarte a ti mismo dominando la competición también puede ayudarte a concentrarte y aumentar tu confianza.

Algunos deportistas recurren a rituales o supersticiones específicos, como llevar calcetines de la suerte o comer siempre lo mismo antes de cada competición. Aunque a algunos les parezcan una tontería, pueden ser herramientas poderosas para fomentar la consistencia y colocar tu mente en el lugar adecuado.

La clave está en encontrar lo que funciona mejor para ti. Puede que te gusten las actividades con mucha energía, como los saltos o el boxeo, o tal vez prefieras la meditación tranquila para calmar los nervios. Sea lo que sea, hazlo tuyo y síguelo.

Sin embargo, recuerda que tu rutina previa al partido no está grabada en piedra. No pasa nada por ajustarla y adaptarla sobre la marcha. El objetivo es encontrar lo que te ayude a sentirte concentrado, confiado y preparado para conquistar la competición. Si crees que algo ya no funciona, está bien cambiarlo.

Michael Jordan descubrió que lo mejor para él era distraerse del partido que se avecinaba bromeando, gastando bromas a sus compañeros y escuchando música. Luego, justo antes del partido cambiaba de enfoque y comenzaba a enfocarse en sí mismo para ser el mejor jugador de la cancha. También se repetía a sí mismo la palabra clave (concentración) de manera constante cuando salía a la cancha.

La rutina de Rafael Nadal antes del partido comienza con una ducha helada 45 minutos antes del encuentro. Después, en el túnel, no para de moverse mientras espera junto a su oponente a que le llamen para salir a la cancha. Hace carreras cortas, saltos, se mueve de un lado a otro, practica su derecha y su revés. Finalmente, termina con unos saltos verticales inmediatamente antes de salir a competir.

La rutina de Rafa no sólo lo prepara mental y físicamente, sino que también afecta a sus oponentes. A menudo, el otro jugador se muestra nervioso, observando a Nadal repetir su rutina. Corren el riesgo de ser desestabilizados por su energía ¡incluso antes de que comience el partido!

## RUTINAS PREVIAS A LA COMPETICIÓN

Una rutina previa a la competición es una secuencia de pensamientos y acciones que realizas antes de ejecutar una habilidad a tu propio ritmo durante la competición. Puede ser antes del saque en la pista de tenis, o cuando te acercas a la línea de tiros libres en baloncesto.

Tu rutina previa a la actuación te ayuda a mantener la concentración en el momento presente. Debe hacerte sentir cómodo realizando una rutina que ya has hecho muchas veces, y ayudarte a controlar las distracciones.

Entonces, ¿cómo puedes desarrollar una rutina precompetitiva efectiva?

Vamos a desglosarlo:

- Empieza por señalar las acciones específicas que requieren concentración y precisión durante tu deporte. ¿Es tu saque, tu golpe o tu swing?
- Ahora, desarrolla una rutina específica. Si estás en la línea de tiros libres, puedes posicionar tus pies, driblar dos veces, mirar al aro, repetir tu palabra clave y luego ejecutar el tiro.

- Una vez establecida, ¡ahora te toca practicar, practicar y practicar! Dedica tiempo a repasar tu rutina una y otra vez hasta que se convierta en algo natural. Cuanto más practiques, más automática te parecerá cuando estés bajo presión al momento de la competencia.

Recuerda que tu rutina previa a la competición es una poderosa herramienta en tu arsenal, pero sólo es eficaz si la utilizas con constancia e intención. Por lo tanto, practícala a menudo, perfecciónala cuando sea necesario y confía en su capacidad para ayudarte a rendir al máximo.

**Rituales**

¿Tienes un par de calcetines en particular que te pones en cada partido? ¿O una canción favorita que debes poner antes de entrar en la cancha? Si es así, tienes un ritual. Es tu pequeño truco para sentirte muy seguro de ti mismo y preparado para la competición.

Los rituales deportivos pueden ser cualquier cosa, desde llevar una camiseta concreta hasta rezar una oración especial. La clave está en encontrar lo que funciona mejor para ti. Puede que tengas un amuleto de la suerte en el bolsillo o un apretón de manos antes del partido con tus compañeros de equipo. Tal vez sea tocar un punto de referencia concreto, como tocar el logotipo de tu club al salir de los vestuarios. Sea cual sea el ritual, hazlo tuyo y cree en su poder para ayudarte a brillar.

Aquí tienes algunos rituales bastante interesantes que los atletas profesionales han llevado a cabo para darse una ventaja competitiva:

- Michael Jordan llevó sus pantalones cortos de la Universidad de Carolina del Norte bajo su uniforme de la NBA durante toda su carrera, ya que consideraba que le daban buena suerte.
- Otro ex atleta de la NBA, Jason Terry, llevó las cosas un paso más allá durmiendo en los shorts de sus adversarios antes de cada partido.

- Un exentrenador de fútbol americano universitario, Les Miles, tenía predilección por el césped, literalmente. Antes de cada juego, arrancaba un trozo de césped del campo y se lo comía.
- Minnie Minoso, antiguo atleta de la MLB, tenía una forma única de deshacerse de un mal partido. Si las cosas no le salían bien en el campo, le echaba la culpa a su uniforme y se lo ponía en la ducha después del partido para limpiarse de cualquier mala vibra.

## COMUNICACIÓN EFICAZ EN EL EQUIPO

Es el día del juego. Has trabajado duro en las jugadas preparadas, conoces el plan de juego y estás preparado para llevarlo a cabo. Sin embargo, una y otra vez a tu equipo le cuesta ejecutarlo... ¿Te suena familiar?

A menudo, esto puede deberse a un componente crítico:

La falta de comunicación.

He visto cómo el rendimiento de los equipos más talentosos físicamente y más conscientes tácticamente se resentía como resultado de este aspecto, a menudo ignorado pero vital, de los deportes de equipo.

La comunicación eficaz es el pilar fundamental del éxito de cualquier equipo. Una buena capacidad de comunicación no consiste sólo en hablar, sino también en escuchar y generar confianza. Cuando tú, tus compañeros de equipo y el entrenador se comunican bien, las funciones y responsabilidades son más fáciles de entender, lo que reduce la probabilidad de malentendidos o estallidos de frustración durante la competición. Esto crea un entorno de equipo más armonioso, en el que todos se sienten apoyados y seguros para expresarse sin miedo a ser juzgados. Esto puede ayudar a los equipos a superar los desafíos, mantener la concentración bajo presión y mejorar continuamente el rendimiento.

Por estas razones, dominar esta habilidad es imprescindible e importante para cualquier deporte de equipo. Cuando estés en el campo, aquí tienes algunos consejos útiles que te ayudarán a comunicarte eficazmente con tus compañeros de equipo:

**Proyecta tu voz:** Cuando otras distracciones pueden interferir en la capacidad de tus compañeros de equipo para oírte, como los ruidos del público, el eco del estadio u otros partidos que se estén jugando a tu alrededor, la capacidad de proyectar tu voz es crucial. Así te aseguras de que tu mensaje llegue a tus compañeros de equipo, minimizando el riesgo de malentendidos y errores tácticos.

**Habla con claridad y confianza:** Si has tomado una decisión, o ves que se desarrolla algo ante ti que requiere comunicación con tus compañeros de equipo, transmite tu mensaje con claridad y confianza. Esto indicará a tus compañeros de equipo que estás centrado y preparado para actuar, o que deben reaccionar. Cuando eres decidido, respetuoso y claro con tus instrucciones, tus compañeros de equipo sabrán que hablas en serio, lo que les infundirá una sensación de seguridad y confianza en tu capacidad.

**Busca las señales no verbales:** No toda la comunicación durante la competición es verbal. Dependiendo de la formación, el estilo de juego y la táctica de tu equipo, debes ser capaz de leer el lenguaje corporal de tus compañeros y comprender lo que indican sus movimientos durante los patrones de juego establecidos. Estas señales no verbales pueden proporcionarte información importante sobre cuándo y cómo debes responder. Por ejemplo, un compañero de equipo con una postura abierta que establece contacto visual contigo podría indicarte: "Eh, estoy listo para recibir el balón". Del mismo modo, podrías esperar a que un compañero levantara la cabeza antes de programar una carrera por detrás de las líneas defensivas del rival. Alternativamente, si un compañero de equipo deja un espacio libre, podría ser un acto intencional para proporcionarte el espacio que necesitas para avanzar. Las indicaciones no verbales, como las señales con las manos, también son una forma eficaz de comunicarte con tus compañeros de equipo y, al mismo tiempo, ocultar a los rivales cuál es tu próximo movimiento.

**Practica:** Como joven atleta, a veces puede resultar desalentador comunicarte con tus compañeros de equipo en plena competición. El miedo a decir algo incorrecto o a estropear una jugada con una mala comunicación puede hacerte pensar que es mejor no decir nada. Por eso es tan importante hacer de la comunicación eficaz un hábito en los entrenamientos. Cuanto más practiques y te sientas cómodo con ella lejos de la presión de la competición, más fácil te resultará comunicarte cuando más importa.

## MANTENER LA CALMA Y LA SERENIDAD EN MOMENTOS DE GRAN PRESIÓN

¿Has visto alguna vez a tu deportista favorito ahogarse en una situación de mucha presión? Puede ser tu héroe del fútbol fallando un tiro penal, tu jugador favorito de la NBA fallando un mate no disputado o tu ídolo del golf fallando un putt fácil. Si no lo has visto, sigue observando: ¡va a pasar!

Sí, la intensa presión competitiva puede afectar incluso a nuestros ídolos deportivos, llevándolos a "asfixiarse". La asfixia en el deporte (choke, en inglés) es cuando te bloqueas porque dejas que la presión del momento te afecte. Lo estropeas cuando deberías haberlo logrado.

Lo contrario de la asfixia es el "clutch". Es cuando puedes librarte de la presión, afrontar el momento y completar las tareas con éxito.

La causa más frecuente de asfixia es la sobreexcitación. En otras palabras, recibes demasiada estimulación mental y física. El estrés exacerbado estimula el sistema nervioso simpático, aumentando significativamente el flujo sanguíneo. Aumenta la frecuencia cardíaca, se dilatan las pupilas, aumenta la presión arterial y la sudoración.

Estas reacciones corporales pueden dificultar la concentración en las habilidades motoras finas que necesitas para rendir. La única forma de evitar la asfixia resultante de una excitación excesiva es reducir el nivel de estimulación. Aún quieres un cierto nivel de excitación que te permita rendir, pero no tanto que te desconcentre de tu juego.

Aquí tienes algunas estrategias que pueden ayudarte a mantener la calma y evitar la sobreexcitación en momentos de gran presión:

**Respiración concentrada**

Durante las situaciones de alta presión en el deporte, la sobreexcitación puede aumentar tu ansiedad, haciendo que tu respiración sea superficial y rápida. La respiración profunda te permite tomar el control, relajando tus músculos y controlando tu mente.

Por supuesto, no tienes tiempo de hacer un ejercicio de respiración prolongado cuando estás en una situación decisiva del juego. Pero sí tienes tiempo para inspirar profundamente por la nariz y exhalar por la boca. Intenta abandonar cualquier pensamiento tenso o ansioso mientras respiras. Imagina que con cada exhalación liberas toda esa energía nerviosa. Esto activará tu sistema nervioso parasimpático, ayudando a reducir tu nivel de excitación.

A continuación encontrarás tres ejemplos de atletas profesionales que aprovechan los beneficios de la respiración concentrada durante la competición:

- **Novak Djokovic (Tenis):** Novak Djokovic, uno de los mejores tenistas de todos los tiempos, es conocido por su meticuloso enfoque de la preparación física y mental. Incorpora técnicas de respiración a su rutina para controlar el estrés y mantenerse concentrado durante los partidos. Djokovic ha hablado sobre el uso de ejercicios de respiración profunda para mantener la calma bajo presión y mantener la compostura entre peloteos intensos.

Así lo expresó Novak:

*"Así es como intento volver a un estado óptimo de mente y cuerpo. A través del trabajo de la respiración, la respiración consciente, ya sea una, dos, cinco o diez respiraciones, según el tiempo de que tenga... Sólo respiración consciente. Así de sencillo".*

- **LeBron James (Baloncesto):** Icono del baloncesto y varias veces campeón de la NBA, LeBron James destaca la importancia de los ejercicios respiratorios en su régimen de entrenamiento.

James utiliza técnicas de respiración profunda para mantenerse centrado y sereno durante situaciones de gran presión en la cancha. Reconoce que la respiración controlada le ayuda a mantener la concentración, controlar la fatiga y regular sus emociones durante los partidos.

- **Simone Biles (Gimnasia):** La medallista de oro olímpica Simone Biles incorpora ejercicios de respiración a su rutina previa a la competición para mejorar su rendimiento. Biles utiliza técnicas de respiración rítmica para calmar sus nervios, aumentar el flujo de oxígeno a sus músculos y mejorar su rendimiento. Ha mencionado que utiliza la respiración profunda para mantener los pies en la tierra y la confianza al ejecutar rutinas gimnásticas complejas.

**Punto Focal Singular**

¿Alguna vez alguien te ha dicho que dejes de preocuparte por la presión de la competencia o que desconectes tu mente para no pensar en ello? A estas alturas, ya te habrás dado cuenta de que no es un buen consejo. No puedes simplemente apagar tu mente. Siempre está pensando en algo.

Así que, en lugar de decirle a tu mente que deje de preocuparse, distráela con otra cosa. Una forma fantástica de hacerlo es encontrar un punto focal singular. Simplemente elige un objeto que puedas ver y centra tu atención en él durante un momento de gran presión. Veamos un ejemplo:

Supongamos que eres un jugador de rugby responsable de lanzar tiros a los palos. El marcador está empatado y es la última jugada del partido. En los momentos previos a la patada, tienes el peso del mundo sobre tus hombros. Todos en la multitud están observando cada uno de tus movimientos, y todos tus compañeros de equipo confían en ti. Todo depende de esta patada para ganar el partido.

No es de extrañar que tu mente quiera divagar. Sin embargo, no se lo permitas; en lugar de eso, elige un punto en el que concentrarte, como el punto central entre los dos palos. Sigue dirigiendo tu mente hacia ese punto. Toda tu energía mental se concentra en el centro de esa barra. Incluso mientras colocas la pelota y realizas tu aproximación, sigues pensando en tu punto focal.

Independientemente del deporte que practiques, encuentra un único punto focal en el que puedas concentrarte. Esto mantendrá tu mente ocupada para que no pienses en otras distracciones que podrían hacer descarrilar tu rendimiento.

**Involucra a tus sentidos**

La presión no existe en el momento presente. Proviene de pensar en errores pasados o de preocuparse por los futuros. Debes entrar en el momento presente siempre que sientas presión durante la competición.

Puedes hacerlo involucrando plenamente tus sentidos. Concentrándote en lo que ves, oyes o sientes, puedes desviar tu atención de los factores estresantes y reducir la ansiedad. Por ejemplo, concéntrate en el aspecto y la sensación del balón de baloncesto en tus manos cuando te dispongas a lanzar un tiro libre. Concéntrate en detalles como las costuras de los paneles del balón y cómo se siente en tus manos la superficie rugosa. Cuando pasas los dedos por la superficie, ¿puedes sentir esos pequeños bultos y las costuras, que ofrecen una combinación de áspero y liso a la vez? Concentrarte en esos detalles puede ayudarte a mantener la concentración en el momento presente, permitiendo que se desvanezcan las sensaciones de presión.

**Dite a ti mismo: "Sólo es...".**

¡Aquí hay una frase clave tan poderosa que merece su propio encabezamiento!

Sea cual sea la habilidad que vayas a ejecutar, es algo que has practicado cientos, quizá miles de veces antes, ¿verdad?

Si lo miras de este modo, no es tan complicado.

Así que, dite a ti mismo: "Es sólo un aro", "Es sólo un tiro libre", o cualquiera que sea la acción que estés a punto de realizar. Ese recordatorio te ayudará a eliminar la presión de la situación, permitiendo que brille la habilidad en la que tanto has trabajado.

## GESTIONAR LOS ERRORES Y AVANZAR

¿Te cuesta olvidar los errores durante la competición? ¿Ese tropiezo de dos segundos se repite en tu mente como una película, destruyendo tu capacidad de estar presente? ¿O te impide mostrar lo que realmente puedes hacer por miedo a volver a meter la pata?

Es crucial desarrollar estrategias que te permitan recuperar la concentración y la confianza rápidamente, asegurándote de que un solo error no arruine toda tu actuación.

Las siguientes son lo que yo llamo técnicas de "Recuperación" para ayudarte a recuperarte de los errores y seguir adelante:

**Creencias de recuperación**

Tus pensamientos pueden ser tu peor enemigo en los momentos posteriores a un error. Ahí es donde entra en juego la autoafirmación positiva. En lugar de dejar que los pensamientos negativos se apoderen de ti, utiliza afirmaciones positivas para mantener tu mente centrada y tu confianza. Esto podría incluir afirmaciones sencillas como "Vuelve a intentarlo", "La próxima" o "Sube de nivel". El momento de reflexionar sobre por qué cometiste el error es después del partido. Mientras aún estés en plena competición, debes creer que tienes dentro de ti la capacidad de recuperarte y seguir adelante.

**Lenguaje corporal de recuperación**

Después de cometer un error, es natural que bajes la cabeza, encorves tus hombros, te pongas las manos en la cabeza o desaceleres tu ritmo. Este tipo de lenguaje corporal proyecta una sensación de derrota y falta de confianza. Esto no sólo entorpece tu rendimiento, sino que también indica a tus oponentes, compañeros de equipo y entrenadores que te sientes derrotado.

Se ha llevado a cabo una investigación muy fascinante sobre el lenguaje corporal con tenistas profesionales del circuito ATP. Durante los puntos de desempate, los investigadores descubrieron una conexión entre el lenguaje corporal no verbal y el rendimiento posterior de los jugadores. El lenguaje corporal negativo o sumiso se asoció a una actuación más indeseable, mientras que el lenguaje corporal positivo o dominante condujo a una jugada siguiente más exitosa.

Por lo tanto, una vez que hayas cometido un error, no dejes que tu lenguaje corporal te arrastre más abajo. Lo hecho, hecho está, ¡así que mantente firme! Esto significa cabeza alta, pecho abierto, mirada al frente y moverte con determinación. Estos sencillos ajustes en tu postura pueden hacer maravillas para ayudarte a recuperar la concentración, aumentar la confianza y no regalar nada al rival.

**Compañeros de recuperación**

Un compañero de recuperación es alguien en quien puedes confiar para que te mantenga centrado y te anime después de haber cometido un error. Esta persona puede ser un compañero de equipo, tu entrenador o un familiar que te observe entre la multitud. Entre los dos, busquen una forma de comunicarse cuando necesites ese impulso de confianza. Podría ser algo tan sencillo como una mirada específica, un movimiento de cabeza, un pulgar hacia arriba o una palabra para reconfortarte y recordarte que no estás solo, que creen en ti y que ¡lo tienes!

## EL PODER DE LA PERSPECTIVA

Cuando hayas terminado el juego o el evento, es probable que tus errores sigan apareciendo y dominando tus pensamientos.

Es entonces cuando tienes que pensar en el reencuadre mental. Reencuadrar significa detener la autocrítica y buscar oportunidades para mejorar. Reflexiona sobre el error e identifica lo que puedes extraer de la experiencia. ¿Te precipitaste en el tiro? ¿Estabas fuera de posición? Utiliza los errores como retroalimentación para perfeccionar tus habilidades y convertirte en un mejor atleta.

Recuerda que siempre debes tener presente el panorama general. Tu rendimiento en un partido o en una temporada no define tu valía como atleta. El éxito no depende sólo de las victorias y las derrotas, sino también de tu crecimiento, esfuerzo y perseverancia.

Mantener una perspectiva más amplia te permite contextualizar los contratiempos y evita que te desanimes por errores individuales. Celebra tus éxitos, por pequeños que sean, y reconoce los progresos que has hecho en el camino. Al centrarte en el viaje más que en el destino, desarrollarás una mentalidad resiliente que te conducirá a través de los triunfos y los desafíos.

## EL ARTE DE LA REMONTADA: REVIERTE LA SITUACIÓN

Los atletas exitosos nunca se rinden. Tienen la mentalidad de esforzarse hasta el final. Nunca se dan por vencidos. En lugar de eso, encuentran la forma de adaptarse y remontar la situación. Entonces, ¿cómo lo hacen? Y, lo que es más importante, ¿cómo puedes hacerlo tú también?

Quizás hayas escuchado la expresión: "Cuando la vida te da limones, haz limonada". Esta expresión significa que debes aceptar la situación que se te presenta y sacar lo mejor de ella. Tanto si se trata de una lesión como del hecho de que vas perdiendo por 20 puntos en el primer tiempo, el primer paso en tu remontada debe ser la aceptación de la situación en que te encuentras.

El siguiente paso es comprometerte a revertir la situación. Tienes que ser más fuerte que esa voz que te dice: "Estás demasiado abajo" o "¿Qué sentido tiene?". No te limites a desear que las cosas sean diferentes, ¡comprométete a hacer que lo sean!

Para lograrlo, tienes que esforzarte para que las cosas sucedan. Podemos resumirlo en los tres pasos siguientes:

- Acepta la situación.
- Abraza la situación.
- Aborda la situación.

Dar estos pasos no es fácil. Mantenerse positivo puede convertirse en una verdadera lucha cuando te has quedado atrás. Lo mismo ocurre cuando sufres una lesión. Para evitar revolcarte en la autocompasión, tienes que tener tres cualidades:

- Una mentalidad de crecimiento
- Confianza en ti mismo
- Una actitud positiva

El trabajo que has realizado en los capítulos anteriores te está ayudando a desarrollar esas cualidades. Así que veamos ahora algunas estrategias específicas para revertir a una situación desfavorable y conseguir una remontada increíble.

**Reajuste de objetivos**

En lugar de centrarte en el déficit general o el contratiempo, divide la situación en objetivos más pequeños y manejables. Establece objetivos específicos para cada cuarto, mitad, entrada o distancia y concéntrate en alcanzarlos paso a paso. Cambiando tu enfoque hacia objetivos alcanzables a corto plazo, puedes recuperar el control de la situación y ganar confianza a medida que progresas.

Por ejemplo, supongamos que eres un jugador de tenis que acaba de perder los dos primeros sets. En lugar de dejar que tu mente divague hacia pensamientos negativos, oblígala a centrarse en objetivos estratégicos como mantener el servicio. Concéntrate en tu técnica, buscando precisión, consistencia y la colocación de la pelota.

A continuación, apunta a los puntos de ruptura. Busca oportunidades para presionar, devolver agresivamente y explotar las debilidades de tu oponente.

Enfócate en ganar juegos, no sets. Tu objetivo debe ser ganar el siguiente juego, luego el siguiente, y así sucesivamente. Si afrontas el partido juego a juego, podrás ir reduciendo poco a poco la desventaja y tomar impulso.

Permanece presente en el momento y mantén una actitud positiva, centrándote en las oportunidades que tienes por delante y no en los contratiempos que has dejado atrás. Visualízate ejecutando tus golpes con eficacia, manteniendo la compostura bajo presión y luchando por cada punto con determinación y resiliencia.

Toma nota también de los puntos fuertes y débiles de tu oponente y cambia tu estrategia en consecuencia. Considera la posibilidad de hacer ajustes tácticos, como cambiar tu selección de golpes, cambiar el ritmo y el efecto de tus golpes, o acercarte a la red con más frecuencia. La idea es desconcertar a tu oponente, alterando su ritmo para ganar ventaja.

**Visualización estratégica**

Durante los descansos del partido, visualízate ejecutando jugadas con éxito, realizando tiros cruciales o anotando puntos decisivos. Imagina las imágenes, los sonidos y las sensaciones del éxito con vívidos detalles, reforzando las imágenes mentales positivas de tu actuación. Este ensayo mental te ayudará a mejorar la confianza, reducir la ansiedad y mejorar tu capacidad de ejecución bajo presión.

**Mantener la resiliencia**

Debes seguir convencido de que tienes la situación bajo control y de que estás avanzando hacia una victoria inevitable. Recuérdate a ti mismo las remontadas o victorias pasadas, sacando fuerzas de tus éxitos anteriores y de tu determinación.

En estas situaciones, la camaradería y el apoyo mutuo son esenciales en los deportes de equipo. Apóyate en tus compañeros de equipo para recibir ánimos e inspiración, uniéndose ante la adversidad. Construyan una cultura de confianza y resistencia dentro del equipo, recordándose mutuamente su potencial colectivo y sus objetivos compartidos. Ya sea una palmada tranquilizadora en la espalda o una charla motivadora, saca fuerzas de la fe y la confianza en tus compañeros.

Adopta un lema de equipo o una frase favorita que resuma los valores de tu equipo. Ya sea "Unidos como uno" o "La unión hace la fuerza", encuentra un mantra que resuene con la identidad de tu equipo y cree un sentido de propósito y determinación. Utiliza este lema como fuente de inspiración en los momentos difíciles, reafirmando su compromiso mutuo y la búsqueda de la excelencia.

## LA ASOMBROSA REMONTADA DE RAFAEL NADAL - GRAN FINAL DEL ABIERTO DE AUSTRALIA 2022

En la Gran Final del Abierto de Australia 2022, la superestrella del tenis Rafael Nadal se enfrentó a un oponente formidable, el talentoso Daniil Medvedev. A pesar de su increíble habilidad y experiencia, Nadal tuvo dificultades en las primeras etapas, cometiendo errores poco característicos en él y quedando atrás en el marcador.

Durante los primeros juegos, Nadal estaba extremadamente nervioso. Medvedev dominaba, y a Rafa le resultaba casi imposible ver el camino de la victoria. El español perdió los dos primeros sets por 6-2 y 7-6, y Medvedev parecía dispuesto a cerrar el partido al principio del tercer set.

Sin embargo, una de las cualidades únicas de Nadal es que ama la lucha. Cuando las cosas parecen desesperadas, él sobresale; es cuando se siente más vivo y cómodo. Nadal empezó a utilizar más golpes cortantes para llevar a Medvedev a la red. Empezó a ganar puntos cruciales, haciendo dudar a Medvedev de si tenía el control. En cada punto, Nadal contraatacaba con una determinación inquebrantable, mostrando la garra que lo caracteriza.

En un asombroso despliegue de fuerza mental, Nadal realizó una increíble remontada, cambiando el rumbo del partido a su favor y al final salió victorioso, ganando los tres últimos sets por 6-4, 6-4 y 7-5 en un partido que duró 5 horas y 24 minutos. En aquel momento, la victoria convirtió a Nadal en el ganador masculino de Grand Slam más condecorado de todos los tiempos. Ahora tenía 21 títulos en su haber, rompiendo un triple empate que mantenía con Roger Federer y Novak Djokovic de 20 Grand Slams cada uno.

Su notable resiliencia frente a la adversidad es un poderoso recordatorio de la importancia de la perseverancia y la confianza en uno mismo.

**Las tres lecciones de Rafa**

Aquí tienes algunos consejos inestimables para aprender de Nadal:

- **Abraza la lucha:** El amor de Nadal por la lucha pone de relieve la importancia de aceptar los desafíos y competir con pasión y determinación, incluso cuando la situación parece desesperante.

*Lección: Aprende a ver la adversidad como una oportunidad para demostrar tus habilidades y estar a la altura de las circunstancias en lugar de rendirte. Los reveses y los desafíos son inevitables en el deporte, pero la forma en que respondes a la adversidad define tu carácter y tu potencial de éxito.*

- **Adaptabilidad y pensamiento estratégico:** El ajuste estratégico de Nadal de incorporar más golpes cortantes para alterar el ritmo de su oponente ilustra la importancia de la adaptabilidad y el pensamiento táctico en los deportes de competición.

*Lección: Analiza los puntos débiles de tus oponentes y ajusta tu plan de juego para ganar ventaja.*

- **Cree en ti mismo:** A pesar de ir por detrás en el marcador, Nadal nunca perdió la fe en su capacidad para remontar. Su asombrosa actuación es un testimonio del poder de no rendirse nunca, por desesperada que parezca la situación.

*Lección: Mantén la fe, sé disciplinado y confía en tu capacidad. El éxito a menudo requiere persistencia, valentía y tenacidad, incluso cuando las probabilidades están en tu contra.*

## CELEBRAR EL ÉXITO Y APRENDER DE LA DERROTA

Tanto si ganas como si pierdes, siempre puedes aprender de la experiencia. Ganar es fantástico, y deberías dedicar tiempo a celebrarlo. Pero recuerda que, incluso cuando ganas, siempre hay aspectos en los que puedes mejorar aún más.

Perder no es el fin del mundo. Míralo como una oportunidad para averiguar qué salió mal y cómo puedes mejorar. Tómate un tiempo después del partido para reflexionar sobre cómo lo has hecho. ¿Qué hiciste bien y qué podrías hacer mejor? ¿Lograste ejecutar esa habilidad en la que has estado trabajando durante los entrenamientos? ¿Qué tal tu juego de pies? ¿Y qué hay de tu juego mental? ¿Pudiste aplicar las estrategias que has estado trabajando en tus sesiones de habilidades mentales?

Desglosando tu rendimiento de este modo, puedes averiguar dónde centrar tus esfuerzos durante el entrenamiento y seguir mejorando.

**Manejar el éxito y la derrota con gracia y humildad**

Ganar es fantástico, no significa seas mejor que los demás. Agradece a tus compañeros de equipo, a tus entrenadores y a tus adversarios: todos contribuyen a tu éxito. Y en lugar de acomodarte y pensar que lo has conseguido, sigue esforzándote por mejorar. Siempre hay algo nuevo que aprender y formas de crecer, incluso cuando estás en la cima de tu juego.

Perder es horrible. Pero lo que realmente importa es cómo te recuperas. Tómate un tiempo para sentirte decepcionado, pero no te quedes pensando en ello demasiado tiempo. En lugar de eso, utiliza ese sentimiento para alimentar tu determinación de hacerlo mejor la próxima vez. Piensa en lo que podrías haber hecho de otra manera y en cómo puedes convertir esa derrota en una lección. Recuerda, los reveses no te definen, sino que te hacen más fuerte y resiliente para los desafíos que te esperan. Así que mantén la cabeza alta, sigue trabajando duro y prepárate para triunfar la próxima vez.

## CAPÍTULO CUATRO: TRES PUNTOS CLAVE EN LOS QUE DEBO TRABAJAR

Necesito:
_____
_____
_____


Cómo lo haré:
_____
_____
_____


Cuándo comprobaré mi progreso:
_____
_____

# CINCO
# SUPERAR LOS MIEDOS Y LA ANSIEDAD

La ansiedad es una sensación abrumadora de miedo y estrés preocupante. A menudo afecta a los deportistas antes de una competición. Como ya hemos dicho, es normal tener cierto grado de ansiedad antes una competición. Y no importa cuántas veces hayas hecho algo: la ansiedad permanece.

Piensa en tu YouTuber favorito. Apuesto a que en los momentos previos a salir en directo, experimenta mariposas en el estómago o una ligera sequedad en la garganta a medida que los efectos físicos de la ansiedad comienzan a manifestarse.

Este nivel de ansiedad es bueno porque les ayuda a tomarse la tarea en serio y a rendir bien. Lo mismo ocurre con la competición deportiva. Un nivel controlado de ansiedad hace que tu cuerpo produzca más hormonas que te hacen sentir enérgico y aumentan tu tolerancia al dolor.

Pero es fácil dejar que la ansiedad previa al partido se descontrole. Cuando lo hace, tu capacidad de concentración y rendimiento se esfuma. En este capítulo, exploraremos una serie de estrategias que te ayudarán a mantener bajo control tu ansiedad previa a la competencia para que, aunque tengas mariposas en el estómago, vuelen todas en formación.

## ESTRATEGIAS PARA SUPERAR EL MIEDO Y LA ANSIEDAD

El miedo es una reacción normal y sana que advierte a nuestro cuerpo de que debe tener cuidado. La ansiedad es un tipo de miedo que implica más preocupación por lo que pueda ir mal en el futuro que miedo a algo en el presente.

Cuando tienes miedo, tu enfoque cambia. En lugar de centrarte en la tarea que tienes entre manos, dejas que tus pensamientos y emociones te distraigan. Tu miedo te paraliza, impidiendo que se muestren tus talentos naturales y tus habilidades entrenadas. Es probable que te resulte difícil mejorar durante la competición, lo que puede alimentar aún más tu miedo y tu ansiedad.

A continuación se presenta una estrategia de cinco pasos para superar el miedo y la ansiedad:

**Paso uno: Identifica tus desencadenantes**

La conciencia es el primer paso para superar el miedo y la ansiedad. Es como iluminar las sombras: no pueden asustarte cuando las puedes ver. Al ser consciente de lo que desencadena tu ansiedad, adquieres el poder de abordarlo de frente.

Piensa en esos grandes momentos, como los partidos finales o el lanzamiento de un tiro penal que puede hacer ganar el partido a tu equipo. El mero hecho de saber que todos los ojos están puestos en ti puede hacer que se te acelere el corazón y te suden las manos. Y luego está el miedo a lesionarte, que puede cernirse sobre ti como una nube negra, sobre todo si ya te has lesionado antes.

Sin embargo, los desencadenantes de la ansiedad no son universales. Lo que altera a una persona puede no molestar en absoluto a otra. Por eso es esencial identificar lo que provoca tu propia ansiedad.

Tómate un tiempo para escribir tus pensamientos y sentimientos antes, durante y después de la competición o entrenamientos. Llevar un diario puede ser muy útil. Fíjate en cualquier patrón o tema recurrente: podrían ser pistas sobre lo que realmente te está afectando, lo que te ayudará a identificarlo mejor y a desarrollar estrategias para gestionarlo.

También es importante considerar el papel de las experiencias pasadas en la configuración de tus desencadenantes de ansiedad. Tal vez hayas tenido un mal partido o sufrido una lesión en el pasado, y ahora te preocupa que vuelva a ocurrir. Estas experiencias negativas pueden crear una especie de carga mental que te agobia, haciendo más difícil mantener la calma y centrarte en el presente.

Pero aquí está la clave: solo porque algo haya sucedido en el pasado no significa que tenga que dictar tu futuro. Si reconoces cómo las experiencias pasadas han dado forma a tus desencadenantes de ansiedad, puedes empezar a superarlas y avanzar con confianza.

**Paso 2: Reformula la situación**

Rebobinemos hasta 2008 y veamos a Tiger Woods en el Abierto de Golf de EE.UU. Se enfrentaba a graves problemas físicos -una doble fractura por estrés y un desgarro del ligamento cruzado anterior-, sin embargo, mantuvo todo bajo control. Aunque le dolía, se las arregló para seguir adelante y llegar a la ronda final.

Imagínate esto: Tiger está en un desempate a muerte súbita, y la presión es increíble. Un periodista le pregunta si ha sentido el peso de hacer esta épica remontada. ¿Cuál fue la respuesta de Tiger? Admitió que estaba nervioso, pero dijo que en realidad eso es algo bueno. Explicó que sentirse nervioso significa que te importa, y que puedes utilizar esa energía para concentrarte mejor y estar a la altura del desafío.

Entonces, ¿de qué está hablando Tigre? Como hemos mencionado en el Capítulo 4, esto se llama **reencuadre**. En lugar de ver esos nervios previos al partido como algo malo, los ves de otra manera. Algunas personas se desmoronan bajo presión porque piensan que todos esos nervios son señal de algo negativo. Pero otros, como Tiger, lo ven como una oportunidad para sobresalir.

Esta es la parte interesante: esas mariposas en el estómago y ese corazón acelerado, son la forma que tiene tu cuerpo de prepararse para la acción. Así que, la próxima vez que sientas esos nervios previos a la competición, recuerda el consejo de Tiger: no intentes deshacerte de ellos, ¡úsalos a tu favor! Considéralos una señal de que te preocupas por tu rendimiento y de que estás preparado para afrontar lo que venga. Se trata de cambiar tu forma de pensar sobre esos sentimientos y convertirlos en combustible para el éxito.

**Paso 3: Desapego**

Kevin De Bruyne es un mediocampista campeón del Manchester City FC. Antes de salir al campo, utiliza el desapego como estrategia previa al partido para calmar sus nervios. Es conocido por jugar al Candy Crush en su teléfono mientras toda la tensión nerviosa se acumula a su alrededor. Kevin dice: "Simplemente juego y hablo con la gente... Cuanto más relajado estoy antes, mejor me siento".

El desapego significa dar un paso atrás de toda esa presión. En lugar de dejar que te abrume, busca algo divertido o relajante que hacer. Ya sea escuchar música o jugar a algo, haz algo que te ayude a desconectarte.

El desapego es una forma inteligente de manejar esos nervios del gran juego. Y no tienes que hacerlo solo. Los equipos también pueden hacerlo juntos. Antes de un gran partido, pueden jugar a las cartas o simplemente divertirse bromeando en grupo. Esto puede ayudarlos a estrechar lazos y a mantener la calma.

Pero la cosa es así: cuando llegue el momento de la competición, tienes que cambiar de marcha. Eso significa centrarte en prepararte para brillar en la pista o en el campo. Se trata de equilibrar el tiempo para relajarte con la necesidad de dar lo mejor de ti cuando realmente importa.

¿Recuerdas la rutina y los rituales previos al partido de los que hablamos en el capítulo anterior? Te ayudarán a pasar del desapego a la concentración. Un aspecto vital de la rutina previa al juego es que te resulte muy familiar. Esto te proporciona una sensación de control. Cuanto más en control te sientas, menos temeroso y ansioso estarás.

Así que, la próxima vez que sientas esos nervios previos al partido, recuerda el truco de Bruyne: ¡desconéctate, relájate y luego demuéstrales de lo que eres capaz cuando más importa!

**Paso 4: Minimizar el miedo a lo desconocido**

La ansiedad de rendimiento puede deberse al miedo a lo desconocido. Supongamos que compites en un torneo. El escenario es más grande, el entorno es diferente y hay mucha más gente.

Podemos llamar a estas cosas variables desconocidas. Una clave para controlar la ansiedad de rendimiento es centrarse en las variables conocidas. Entre ellas están tu entrenamiento y tu preparación. Recuérdate constantemente que has hecho todo el trabajo de preparación y que estás preparado para lo que te espera. Conoces a tus compañeros de equipo, has hecho los deberes sobre el rival y confías plenamente en tu entrenador.

Un segundo paso es reducir el número de variables desconocidas. Así que, quizás podrías llegar al lugar de la competición una hora antes para familiarizarte con las instalaciones. Echa un vistazo a los vestuarios, así como a la disposición del campo, la cancha o la pista. Visualízate actuando con confianza en ese espacio, para que te resulte más familiar y menos intimidante.

**Paso 5: Fijación de objetivos de rendimiento**

El establecimiento de objetivos de rendimiento añade un paso más al reencuadre positivo del que hemos hablado antes y puede ayudarte a abordar las cosas en las que te preocupa fracasar. Por ejemplo, supongamos que tu área problemática es el tiro libre en baloncesto. En ese caso, tu objetivo de rendimiento podría ser mejorar tu precisión en los tiros libres realizando al menos 8 de cada 10 lanzamientos durante las sesiones de entrenamiento de esta semana.

Luego, durante el partido, saber que has practicado tus tiros libres toda la semana te ayudará a aliviar cualquier ansiedad que puedas tener en torno a este aspecto de tu rendimiento. Imagina que vuelves a practicar tus tiros libres en el entrenamiento. En lugar de dejar que el miedo se apodere de ti, canalizas tu energía en trabajar para conseguir el objetivo que te has marcado durante la semana. Esto no sólo ayuda a distraer tu mente de los pensamientos negativos, sino que también te da una sensación de propósito y dirección.

## PRESIONES EXTERNAS

Las presiones externas son las que vienen de fuera de ti mismo. Pueden incluir presiones de padres, entrenadores e incluso de las redes sociales. Exploremos las presiones externas más habituales a las que se enfrentan los jóvenes atletas y las estrategias para afrontarlas.

**Expectativas de los entrenadores:** Tu entrenador quiere que tengas éxito, pero a veces puede parecer que te presiona demasiado. Puede ser que tu entrenador quiera ganar un título concreto o que te anime a jugar un poco más agresivamente contra un rival (como en un partido de derby). Además, podría centrarse mucho en objetivos de rendimiento específicos, como conseguir mejores tiempos personales, marcar un determinado número de goles o cubrir distancias de carrera establecidas durante un partido. Esta presión para rendir puede ser estresante, sobre todo en los deportes de equipo, en los que no cumplir estas expectativas puede suponer que te dejen fuera de la alineación inicial o que te sustituyan si tu entrenador considera que tu rendimiento es deficiente.

**Expectativas de los padres** Tus padres te quieren y desean que des lo mejor de ti en el deporte. Pero a veces pueden tener grandes esperanzas puestas en ti, lo que podría sentirse como una gran presión. Puede ser que tu madre o tu padre hayan practicado un deporte específico, hayan tenido bastante éxito, y les gustaría verte lograr lo mismo. O quizá hayas practicado el mismo deporte que ellos, pero ahora preferirías practicar algo diferente. Tal vez quieran que consigas una beca deportiva o que juegues en un equipo concreto. A pesar de sus mejores intenciones, estas expectativas a veces pueden resultar estresantes si tus objetivos no coinciden con los suyos.

**Presión de las redes sociales:** Las redes sociales pueden ser divertidas, pero también pueden hacerte sentir que siempre tienes que ser perfecto. Ver cómo otros atletas publican sus éxitos puede hacerte sentir que no eres lo suficientemente bueno y hacer que te compares constantemente con tus compañeros de equipo o tus oponentes. También es posible que te sientas presionado a publicar contenido que muestre tus habilidades deportivas o te ayude a mantener una imagen o personaje determinado. Cuando estas publicaciones o reels no reciben el número de visitas, "me gusta" o comentarios que esperas, también puede afectar negativamente a tu confianza. Por último, las redes sociales pueden ser una fuente considerable de distracción. Pueden llevarte a la procrastinación y reducir el tiempo dedicado a tareas importantes como el entrenamiento y las responsabilidades académicas.

**Expectativas de tus compañeros de equipo:** Tus compañeros de equipo también pueden aumentar tus niveles de estrés. Pueden esperar que rindas a un determinado nivel o sentirse decepcionados si no juegas tan bien como esperaban. Puede ocurrir que durante un partido no ejecutes tu rol con la eficacia necesaria, y esto puede provocar estallidos de frustración y desarmonía.

**Reclutadores y cazadores de talentos:** Cuando te presentas a las pruebas de un nuevo equipo, a menudo sólo dispones de un tiempo limitado para causar una buena primera impresión y demostrar tu talento. No sólo compites tú, sino también muchos otros atletas que pueden estar compitiendo por el mismo puesto que tú en el equipo. Esto puede ser algo estresante, ya que debes rendir y hacer todo lo posible para impresionar en un periodo de tiempo relativamente corto.

Lo mismo ocurre cuando hay reclutadores presentes durante un partido. Esto puede ser bastante desalentador, especialmente si están allí específicamente para verte jugar y evaluar tu potencial para una beca o para ser reclutado en una competición.

## ESTRATEGIAS PARA HACER FRENTE A LA PRESIÓN EXTERNA

Ahora que hemos identificado las fuentes de presión externa, exploremos formas de gestionar las expectativas y reducir el estrés general asociado a estas situaciones.

**Comunicación abierta:** Si te sientes abrumado por la presión de entrenadores, padres o compañeros de equipo, recuerda que tienes el poder de abordarla. Es esencial que hables de cómo te sientes y que discutas las formas en que podrían apoyarte mejor. Está bien decir que no o informarle a alguien cuando te están poniendo demasiada presión. Practica plantearlo de forma amable pero firme, y recuerda que cuidar primero de ti mismo no sólo está bien, sino que es necesario para tu bienestar.

**Identifica tus prioridades:** Reflexiona sobre lo que más te importa en el deporte y en la vida. Escribir estas prioridades también puede ser una forma sencilla de visualizar hacia dónde dirigir tu tiempo y tu energía, y de establecer límites para las cosas de menor importancia.

**Limita las redes sociales:** Si la presión de las redes sociales está afectando negativamente la imagen que tienes de ti mismo y tu rendimiento como deportista, plantearte limitar la cantidad de tiempo que pasas scrolleando o publicando contenidos. Aunque tener presencia en las redes sociales como deportista puede ser beneficioso, no debe añadirse a los factores estresantes con los que ya tienes que lidiar.

**No prestes atención:** A menos que te lo exijan, no prestes atención a los reclutadores o entrenadores que sepas que están en una prueba viéndote actuar. Trata la prueba o el partido como lo harías con cualquier otra sesión de entrenamiento o competición, con todas tus rutinas normales y una mentalidad positiva.

**Apoyo profesional:** Si te sientes abrumado por la presión e inseguro sobre cómo afrontarla, recuerda que está perfectamente bien buscar ayuda. Un psicólogo o consejero deportivo puede dotarte de las herramientas y estrategias necesarias para gestionar tu estrés y desarrollar resiliencia. No dudes en buscar ayuda si la necesitas.

## CONSTRUIR CONFIANZA DESPUÉS DE UN REVÉS

Los reveses pueden ser muy duros, sobre todo cuando te estás acercando a un objetivo. Puede que hayas entrenado duro toda la pretemporada, alcanzado todos tus objetivos técnicos e incluso celebrado la consecución de un título de campeón con tu equipo. Sin embargo, a pesar de tus mejores esfuerzos en las pruebas de ingreso para un equipo importante, no lograste ser elegido.

Sentirse conmocionado, molesto o enfadado es normal. Pero ignorar estos sentimientos no hará que desaparezcan. En lugar de eso, intenta reconocer y expresar tus emociones de forma saludable. Reprimirlas sólo hará que las cosas sean más difíciles a largo plazo.

Si desarrollas la mentalidad adecuada, siempre podrás encontrar aspectos positivos. Se trata de tener esa mentalidad de crecimiento de la que hablamos en el Capítulo 1 y preguntarte: "¿Qué puedo aprender de esta situación? ¿Hay algo que podría haber hecho mejor?".

Recuerda, los reveses no son una medida de tu valía o potencial. Sólo son una oportunidad para identificar áreas de mejora ¡y crecer!

## PASOS PARA LA RECUPERACIÓN

Si tu confianza se ha resentido tras un contratiempo, aquí tienes unos cuantos pasos que puedes seguir para ayudarte mentalmente a volver a encarrilarte:

**Reflexión:** Recuperarse de un contratiempo requiere tiempo y paciencia. Empieza por reflexionar sobre los posibles factores contribuyentes. Entre ellos podrían estar la falta de preparación física y mental antes del partido, las condiciones meteorológicas, una mala toma de decisiones o habilidades técnicas, y el nivel de habilidad del adversario. Si dispones de imágenes de video, pueden ser una herramienta muy beneficiosa para ayudarte a analizar tu actuación y ver dónde puedes mejorar.

**Compasión:** Practica la autocompasión y recuerda que todo el mundo se enfrenta a contratiempos. Ser amable contigo mismo es fundamental, sobre todo cuando un contratiempo se debe a factores que escapan a tu control. Trátate a ti mismo como tratarías a un compañero que tiene dificultades. En lugar de criticar, ofrece apoyo y ánimo.

**Repasa los éxitos anteriores:** De nuevo, si puedes acceder a grabaciones de video, revisa los partidos o los mejores momentos de tus éxitos anteriores. Otra posibilidad es utilizar la técnica de visualización FETTAEP, de la que hablamos en el Capítulo 2, que te permite sumergirte por completo en cómo se sintieron tus éxitos anteriores. Estas dos estrategias pueden ser un fantástico recordatorio de lo que eres capaz de hacer para poder recuperar la confianza en ti mismo.

**Dejar ir:** Los mejores atletas del mundo son muy expertos en esto. Sí, es natural sentirse decepcionado, pero no dejes que un contratiempo te venza. Si has identificado áreas de mejora, te has fijado nuevos objetivos y estás centrado en mejorar tu rendimiento la próxima vez, déjalo ir, sigue adelante y empieza a allanar el camino para tu éxito futuro.

## EL RINCÓN DE LOS PADRES: APRENDER DE LOS CONTRATIEMPOS

La respuesta de tu hijo a los contratiempos suele estar influida por el ejemplo que le des. Si tu hijo comete un error durante un partido o no entra en un equipo determinado, no intentes amortiguarlo culpando a otros, como el árbitro, el entrenador o el reclutador. En lugar de eso, enseña a tu hijo a responsabilizarse de lo ocurrido y ayúdale a identificar las habilidades que necesita desarrollar. Una vez identificadas estas áreas, trabajen juntos para fijar un objetivo de mejora.

Si estás viendo competir a tu hijo y el árbitro le pita una falta, no le des importancia. En lugar de eso, anímale a dejarlo atrás y a centrarse en la siguiente jugada en lugar de pensar en la falta.

Presta atención también a los modelos a seguir que superan contratiempos con gracia y dignidad. Puedes observar esto en una entrevista posterior al partido en televisión, donde un atleta que ha perdido reconoce sus errores de juego y se compromete a regresar mejor. Señala estos ejemplos a tu hijo como ejemplos de una mentalidad de crecimiento.

## EL REGRESO DE UNA LESIÓN

Por desgracia, sufrir algún tipo de lesión a lo largo de tu carrera deportiva puede ser el precio que pagues por participar en el deporte que te gusta. Cuando ocurre, tu cuerpo necesita tiempo para curarse, ya sea durante un breve periodo de tiempo o incluso durante toda una temporada. Esto, comprensiblemente, puede dejarte desolado y desconectado de algo que te aporta alegría y propósito.

Volver de una lesión no consiste sólo en poner el cuerpo en forma, sino también en cuidar la mente. Un gran desafío es la falta de confianza cuando vuelves a entrar en acción. Esto puede hacer que te contengas durante la competencia y compitas con más cautela.

Sin embargo, la falta de confianza puede no ser la única emoción que experimentes mientras te recuperas. La ira, la decepción, la impaciencia y la incertidumbre también pueden acosarte.

Aquí tienes cinco estrategias que te ayudarán a superar este duro momento y a volver a tu deporte sintiéndote mentalmente más fuerte:

- **Establece objetivos realistas:** En lugar de centrarte en el objetivo final de estar totalmente recuperado, divídelo en objetivos más pequeños y alcanzables. Ya sea recuperar la fuerza, mejorar la flexibilidad o dominar una nueva habilidad, establecer objetivos más pequeños te ayudará a mantener la

motivación y a seguir tus progresos. También puedes aprovechar este tiempo de recuperación para centrarte en desarrollar tu comprensión de los elementos tácticos del juego, o en fortalecer una extremidad más débil. Intenta centrarte en tus progresos por pequeños que sean. ¡Celebra cada pequeña victoria a lo largo del camino!
- **Visualiza el éxito:** Dedica tiempo a visualizarte de nuevo en el campo, haciendo lo que te gusta sin lesiones y totalmente recuperado. Imagínate jugando con confianza y rindiendo al máximo. Esto puede ayudarte a reforzar tu confianza y autoestima.
- **Mantente conectado:** No te aísles durante tu recuperación. Si puedes, sigue asistiendo a los entrenamientos del equipo y a los días de la competición.

Mantenerte en contacto con tus compañeros de equipo, entrenadores y amigos es crucial durante estos duros momentos. Pueden proporcionarte apoyo, ánimo y un sentimiento de pertenencia. A medida que progrese tu recuperación, también podrás iniciar un programa de entrenamiento modificado. Esto podría incluir realizar ejercicios de carrera en el mismo campo que tus compañeros o participar en algunos aspectos del entrenamiento del equipo, como el calentamiento o las habilidades técnicas aisladas.

- **Expresa tus sentimientos:** Sentirte frustrado o ansioso por tu lesión está bien. Habla con tus padres, entrenador o amigos sobre tus sentimientos. Compartir tus emociones puede ayudarte a aligerar la carga y a sentirte menos solo.
- **Céntrate en lo que puedes controlar:** Aunque no puedes volver atrás y cambiar el hecho de que te hayas lesionado, puedes controlar cómo respondes. Céntrate en tu actitud, esfuerzo y dedicación a tu recuperación. Volverás física y mentalmente más fuerte si te esfuerzas y mantienes tu compromiso.

## EL RINCÓN DE LOS PADRES: LESIONES

Tener un hijo lesionado con talento deportivo puede ser duro para ambos, pero tu apoyo puede suponer una gran diferencia en su recuperación. Aquí tienes algunas formas de ayudar a tu hijo a superar este difícil trance:

- **Sé paciente y comprensivo:** Entiende que tu hijo pueda sentirse frustrado, decepcionado o incluso asustado por su lesión y su vuelta al deporte. Sé paciente mientras navegan por estas emociones y escucha activamente sus preocupaciones sin juzgarlas. Hazle saber que sus sentimientos son válidos y que le apoyas pase lo que pase.
- **Proporciona apoyo práctico:** Ayuda a tu hijo con las tareas prácticas relacionadas con su lesión. Esto puede incluir concertar citas con el médico, asistir a sesiones de fisioterapia o ayudarle con los ejercicios y la rehabilitación en casa. Tu implicación les demuestra que te preocupas por su recuperación y bienestar. Esto puede ayudarles a levantar la moral, sabiendo que cuentan con un fuerte sistema de apoyo en cada paso del camino.
- **Mantente positivo y optimista:** Sé una fuente de positivismo y ánimo para tu hijo. Celebra sus progresos, por pequeños que sean, y recuérdale que los contratiempos son una parte normal de la recuperación. Ayúdale a centrarse en el futuro y en los objetivos que puede alcanzar cuando se haya curado del todo.
- **Sé su defensor:** Defiende las necesidades de tu hijo, ya sea comunicándote con sus entrenadores sobre planes de entrenamiento modificados, asegurándote de que tenga acceso a la atención médica necesaria o abogando por él si se encuentra con algún desafío u obstáculo durante su recuperación.
- **Predica con el ejemplo:** Muestra a tu hijo cómo afrontar los desafíos con resiliencia y determinación predicando con el ejemplo. Deja que te vea ser positivo, adaptarte a los

contratiempos y apoyarle incondicionalmente en los altibajos de su camino de recuperación.

## CAPÍTULO CINCO: TRES PUNTOS CLAVE EN LOS QUE DEBO TRABAJAR

Necesito:
_____
_____
_____


Cómo lo haré:
_____
_____
_____


Cuándo comprobaré mi progreso:
_____
_____
_____

# ESTUDIO DE CASO 1: DE LAS GRADAS AL CENTRO DE LA CANCHA - LA HISTORIA DE RUBEN BORG

*No puedo relacionarme con la gente perezosa. No hablamos el mismo idioma. No los entiendo. No quiero entenderlos.* —Kobe Bryant

La trayectoria en el mundo del baloncesto de Ruben comenzó cuando apenas tenía 14 años. Al principio, le resultó difícil entrar en equipos de mayor nivel, ya que algunos estirones importantes afectaron temporalmente a su coordinación y le provocaron varias lesiones. A pesar de estos desafíos, Ruben se negó a dejarse vencer. En lugar de ello, se embarcó en un riguroso régimen de entrenamiento, realizando sesiones matutinas de gimnasio conmigo antes del colegio y perfeccionando después sus habilidades en el baloncesto por la tarde y hasta altas horas de la noche a través de los entrenamientos de su equipo, sesiones individuales de entrenamiento e incontables horas de trabajo técnico individual.

Tras un año caracterizado por una garra y una determinación implacables, Ruben comenzó a llamar la atención, ganándose codiciados puestos en equipos de academias y selecciones estatales. Su talento tampoco pasó desapercibido a nivel internacional; una invitación de una agencia de reclutadores de talentos estadounidense lo llevó de gira por los Estados Unidos en 2022. Durante este tiempo, Ruben demostró su destreza en la cancha en varios torneos a los que acudieron reclutadores de diversos institutos y universidades.

Tras la gira, los esfuerzos de Ruben se vieron recompensados con múltiples ofertas de becas de escuelas americanas, una de las cuales aceptó con entusiasmo en Carolina del Norte. Así fue como, a los 16 años, emprendió el audaz paso de trasladarse de Australia a los Estados Unidos por su cuenta, sumergiéndose en la vida universitaria de su nueva escuela secundaria. Dos años después, Ruben sigue destacando no sólo en el baloncesto, sino también académicamente... sus logros son testimonio de su dedicación y de la creencia de que ningún sueño es demasiado grande cuando se persigue con pasión y determinación.

**CAROL:** Rubén, hiciste las maletas y te mudaste a los Estados Unidos cuando sólo tenías 16 años. Hace falta mucho valor y resiliencia para hacer eso a una edad tan temprana. ¿Qué procesos mentales te ayudaron a llegar allí y a gestionar un cambio tan grande?

**RUBEN**: Diría, en primer lugar, que yo no quería hacerlo; sin embargo, mi padre me dijo un año antes de venir aquí: "Tal vez tengas que irte a los Estados Unidos". Pero yo pensaba: "Eso es algo muy grande a una edad tan temprana". Entonces, sinceramente, me di cuenta de que si quería perseguir mis sueños y alcanzar mis metas, el mejor lugar para hacerlo era el extranjero. Sabía que cuanto antes llegara aquí, mejor me iría para desarrollarme y convertirme en el jugador que necesito ser... para llegar a donde quiero estar. Sentía que en Australia no lo estaba consiguiendo. Aquí en los Estados Unidos tengo más oportunidades y más posibilidades de crecer.

**CAROL**: Una vez que te trasladaste, ¿te costó encajar inicialmente con tus compañeros y encontrar tu posición dentro del equipo?

**RUBEN**: Soy bastante nuevo conociendo gente nueva. Es algo con lo que me siento cómodo, así que, independientemente de dónde sea, no fue una lucha para mí.

Tener acento australiano también ayudó porque la gente decía: "¡Oh, eres australiano!" y todo el mundo quiere hablar contigo.

Cuando pienso en mis compañeros de equipo, básicamente todos éramos de algún lugar del mundo, no sólo de Estados Unidos. Había estadounidenses, pero la mayoría éramos estudiantes internacionales... así que siento que nos unimos por eso. Conectamos en aspectos como mudarnos lejos de casa y no tener a nuestras familias cerca. Así que, en cierto sentido, nos convertimos en una familia.

**CAROL:** Sé que sufriste una lesión importante en la muñeca, que sólo se produjo un par de semanas después de estar en EEUU. ¿Cómo te sentiste al principio? ¿Cuáles fueron tus procesos mentales posteriores que te ayudaron a gestionar tu recuperación?

**RUBEN**: Al principio estaba muy disgustado. Yo era diestro, y ésa fue la muñeca que me rompí. Vine aquí para jugar al baloncesto y, de repente, no podía jugar. Así que al principio estaba molesto, pero luego me di cuenta de que Dios lo hizo por una razón... Ahora me doy cuenta de que había otras cosas en las que necesitaba trabajar.

Podía utilizar mi mano izquierda y mis piernas, así que estaba en el gimnasio saltando con el Vertimax y haciendo todo lo que podía hacer con la mano izquierda que no podía hacer con la derecha. Sentía que el mero hecho de estar en la sala de pesas y en el gimnasio todos los días, driblando con la izquierda y haciendo trabajo defensivo, realmente reforzó mi resiliencia y mi carácter. Sé que no todo el mundo habría hecho eso si hubiera tenido una muñeca rota.

Pero yo no funciono así... No puedo ser perezoso. Me habría dado una paliza a mí mismo si me hubiera comportado de manera perezosa. Sobre todo teniendo en cuenta la oportunidad que se me ha dado. Así que cuando me pasa algo así, lo mejor que puedo hacer es ser positivo y seguir persiguiendo todos los aspectos de mi juego que sé que puedo mejorar. No puedo quedarme atrapado en lo negativo.

**CAROL**: ¿Ha habido algún momento durante un partido en el que hayas tenido que recurrir a la resiliencia mental para superarlo? ¿Y cuál fue el resultado?

Crédito de la foto: Tyler Goddard

**RUBEN**: Te recordaré un poco el año pasado y mi canasta ganadora. Fue en los playoffs de la temporada. Jugamos contra un equipo al que habíamos derrotado dos veces antes, pero yo estaba teniendo un rendimiento bastante bajo.

Crédito de la foto: Recruiting Boost (Campamento Internacional 2022)

Mi entrenador, sin embargo, seguía dándome mucho tiempo de juego. El marcador estaba empatado 46-46... y, antes del partido, hubo muchos insultos por parte del otro equipo. Así que entré en el partido con la mentalidad de que no iba a dejar que nadie me ganara en nada, porque no pueden hablarme así.

De todos modos, su equipo estaba en posesión del balón en la parte alta de la cancha, pero yo conseguí robar el balón y driblar hacia el aro cuando faltaban 3 o 4 segundos en el reloj. Entonces, justo antes de que sonara la bocina, hice una bandeja con la mano izquierda y entró. En ese momento pensé: si no hubiera roto mi muñeca derecha a principios de año, ¿habría anotado ese tiro con la mano izquierda? No lo sé.

En ese momento, sin embargo, sentí que no estaba pensando mucho... si hubiera estado pensando demasiado, creo que probablemente habría fallado el tiro. Lo habría pensado demasiado, así que tuve que confiar en mi entrenamiento.

Aun así, sentí que ese partido fue bastante duro para mí, porque mentalmente no había estado completamente presente... hasta ese momento había cometido muchos errores y fallado tiros, pero en ese momento crítico simplemente dejé que mi habilidad y mi trabajo duro brillaran a través de mí, y por supuesto, Dios, obviamente.

**CAROL**: Antes de un partido, ¿hay algo que hagas para prepararte mentalmente? ¿Tienes alguna rutina o algo que hagas para entrar en la zona?

**RUBEN**: Quiero decir que tengo muchas supersticiones, aunque intento limitarlas.

**CAROL**: ¿Puedes decirme cuáles son algunas de esas supersticiones?

**RUBEN**: Bueno, sigo vendándome la muñeca básicamente antes de cada partido. Escribo mis objetivos para el partido y aquello por lo que estoy agradecido, ya sea Dios, mi familia o lo que quiero conseguir en el partido.

También cada vez que me quito la cadena, que es una cruz, la pongo en uno de mis crocs (zapatos) que llevo que también tiene mi número favorito (3). Lo hago cada vez. También me gusta escuchar a mi cantante favorito, J. Cole, antes de cada juego y rezar una oración antes de salir a la cancha. Ésas son todas mis supersticiones y, oh, sí... últimamente llevo mucho más tiempo escribiendo en un diario y fijándome objetivos, lo que me ha ayudado mucho a rendir en los partidos.

**CAROL**: Desde el punto de vista de la resiliencia, ¿en qué necesitas trabajar? ¿Hay algo que te resulte difícil de manejar, como las críticas o el miedo al fracaso?

**RUBEN**: Yo diría que lo más difícil es compararme con los demás y mi autoestima. Trabajo muy duro -ya lo sabes-, pero a veces es difícil creer en uno mismo. Sin embargo, cada vez lo hago mejor, fijándome objetivos y practicando la gratitud cada mañana. Me está ayudando mucho a creer en mis habilidades.

En cuanto a compararme con los demás, la verdad es que no hay mucho sentido en eso. Eso es lo que trato de recordarme constantemente a mí mismo. Creo que todo el mundo hace eso en cualquier ámbito; tanto si tienes un trabajo normal como si eres un atleta profesional, vas a comparar cosas como... "¿Soy tan bueno como este jugador?"... "¿Puedo hacer lo que ellos hacen?" Pero creo que es una pérdida de tiempo. Todo el mundo es diferente. Ninguna persona en esta tierra está ni remotamente cerca de lo que tú eres. Así que tener confianza en uno mismo, creer en tus habilidades, y no intentar comparar tu trayectoria con la de otra persona es realmente importante... especialmente en el deporte.

Con respecto a las críticas y a que otras personas intenten meterse en mi cabeza, realmente no tengo espacio para eso en mi mente. En realidad no me afecta... en todo caso, me ayuda. Me hace pensar: "Bueno, así que no hay necesidad de creer lo que están diciendo.

**CAROL**: Así que, en todo caso, te alimenta y te impulsa.

**RUBEN**: Sí, absolutamente.

**CAROL**: ¿Crees que la fortaleza mental se puede trabajar y mejorar con el tiempo? Si es así, ¿cómo lo has hecho?

**RUBEN:** ¡Por supuesto, al cien por cien! ... Lo he hecho a través de la escritura en mi diario... pero también viene a través de la experiencia y la práctica. Es decir, conozco a algunas personas que no parecen trabajar el aspecto mental del juego, pero son muy buenos jugadores de baloncesto. Creo que simplemente han desarrollado su resiliencia con el tiempo. Por otra parte, conozco a jugadores que luchan contra una gran confusión mental, pero trabajan en ello y desafían su pensamiento cada día.

Hacer ese esfuerzo les ayuda a mejorar su capacidad de recuperación. Sin duda, se puede aprender y desarrollar. También puede resultar más natural para unos que para otros; cada persona es diferente.

**CAROL:** Desde el punto de vista de la resiliencia, ¿tienes algún jugador favorito al que admires por su fortaleza mental y su habilidad?

**RUBEN**: Sí, Kobe Bryant, al cien por cien. Cuando volví a casa, escuchaba a Kobe todos los días. Sus historias son realmente inspiradoras. Me encanta cómo todo el mundo hablaba de él, de cómo iba al gimnasio antes que los demás, de cómo se dejaba la piel todo el tiempo.

Respeto la forma en que se presentaba y simplemente tenía esa mentalidad.

Por supuesto, Kobe fue un jugador de la NBA y un grande absoluto, pero no siempre fue así. Tuvo que trabajar por lo que consiguió, y solía contar historias sobre todo eso. Me resulta motivador porque aspiro a ser como él, trabajando muy duro y haciendo lo que puedo con lo que me han dado. Por ejemplo, estoy haciendo esta entrevista en la sala de pesas de mi escuela; son las 21:30 de un viernes por la noche y acabo de terminar un entrenamiento. Así que aprovecho lo que tengo y las instalaciones a las que tengo acceso, y eso es lo que hizo Kobe.

Crédito de la foto: Caleb Gravley (@cajo. media)

**CAROL:** Por último, ¿tienes alguna cita, dicho o letra de canción favorita que te inspire? ¿Que resuma tu trayectoria y lo que quieres conseguir como atleta y jugador de baloncesto?

Crédito de la foto: Kasia Sutton

**RUBEN:** Sí, por supuesto. Es una canción de J. Cole llamada "Sideline Story". Y trata de cómo salir de las gradas, utilizando el baloncesto como referencia, pero también habla de la vida en general. En la canción, dice que le gustaría que alguien hubiera elaborado directrices sobre cómo salir de la banca. Habla de cómo quiere que el mundo sepa quién es, y es muy inspirador porque yo quiero lo mismo. Quiero que todo el mundo conozca mi nombre. Quiero que sepan por lo he pasado, y él básicamente habla por mí en esa canción; me identifico mucho con ella. Así que siempre que la necesito, la escucho.

*Para ver a Rubén en acción, escanea el QR de abajo para acceder a su canal de YouTube.*

# SEIS
# MANEJAR LA CRÍTICA Y LA RETROALIMENTACIÓN

---

*Es normal que te gusten los elogios y que te disgusten las críticas. El verdadero carácter se muestra cuando logras evitar que ninguno de las dos cosas te afecte de manera negativa.*
- John Wooden

---

Imagina que estás ahí fuera, dándolo todo. Tienes el balón y te sientes bien. Sabes que puedes llegar a la meta. Pero entonces oyes la aguda voz de tu entrenador retumbando desde la línea de banda: "¡Pasa el balón!"

Tu corazón se hunde al sentir el peso de esa crítica. En un instante, tus sentimientos positivos se evaporan para ser sustituidos por sentimientos de frustración y negatividad. Has perdido la concentración. El jugador contrario se abalanza sobre ti y pierdes el balón. Luego, para empeorar las cosas, escuchas a tu entrenador lamentándose desde la banda.

Las críticas pueden ser duras de soportar, sobre todo cuando te las lanzan en medio de un partido. Sin embargo, son tan naturales en la competición atlética como el rugido del público o la emoción de la victoria. Aprender a manejar las críticas y la retroalimentación de forma constructiva es fundamental para tu éxito como atleta. Al igual que aprender a perfeccionar tu tiro o dominar un nuevo movimiento, desarrollar resiliencia ante las críticas es una habilidad que puede llevar tu juego al siguiente nivel. Así que, en lugar de dejar que las críticas te derriben, vamos a explorar cómo utilizarlas como trampolín para convertirte en el mejor deportista -y persona- que puedas ser.

## CRÍTICA CONSTRUCTIVA VS. RETROALIMENTACIÓN NEGATIVA

El primer paso para gestionar la retroalimentación es aprender a diferenciar entre la retroalimentación positiva y la negativa. La crítica constructiva pretende ayudarte a mejorar. Es específica, procesable y se centra en los comportamientos más que en los atributos personales.

La retroalimentación negativa es lo contrario: es vaga, poco útil y a menudo está diseñada para derribarte en lugar de fortalecerte.

Aquí tienes ejemplos contrastantes para ilustrar la diferencia. Esta retroalimentación es brindada a un jugador de fútbol que no pasa el balón lo suficiente:

**Crítica constructiva**

- "Oye, durante el partido, me he dado cuenta de algunas oportunidades en las que podrías haber pasado el balón a un compañero en mejor posición. Considera la posibilidad de explorar el campo más a menudo para encontrar esas vías de pase".
- "He notado que a veces retienes el balón demasiado tiempo. Recuerda que el fútbol es un deporte de equipo, y los pases son cruciales para crear ocasiones de gol. Intenta estar más

atento a las posiciones de tus compañeros y busca antes las opciones de pase.

**Crítica negativa**

- "¡No eres el único jugador del equipo! Deja de ser tan egoísta y pasa el balón".
- "¿Por qué siempre acaparas el balón? Nunca vas a mejorar si sigues jugando así".

## CÓMO GESTIONAR LAS CRÍTICAS NEGATIVAS

Las críticas negativas no son útiles. En un mundo perfecto, no las recibirías en absoluto. Pero, por desgracia, es probable que te las encuentres de vez en cuando.

Aquí tienes seis estrategias que te ayudarán a enfrentarte a este tipo de críticas duras:

1. **Mantén la calma y sé resiliente:** Cuando recibes un comentario negativo, es natural que te pongas a la defensiva o te enfades. Aquí es donde entra en juego la resiliencia. No puedes controlar lo que te dicen los demás, pero puedes controlar cómo te afecta. Permitir que te derrumbe o que simplemente pase de largo es una elección.

Disciplínate para mantener la calma y ser objetivo. Respira hondo y recuérdate a ti mismo que la retroalimentación puede ser útil, aunque esté mal formulada.

2. **Céntrate en el mensaje, no en la forma de entrega:** En lugar de obsesionarte con la forma en que te han respondido, céntrate en el mensaje subyacente. Busca cualquier información valiosa que puedas utilizar para mejorar tu rendimiento. Por ejemplo, en la última sección, el mensaje

subyacente es que debes pasar más la pelota, ni más ni menos. Toma eso y olvida el resto.
3. **Pide aclaraciones:** Si el comentario negativo es vago o poco claro, pide que te lo aclaren. Pide educadamente a la persona que te da la opinión que desarrolle su punto de vista o que te dé ejemplos concretos. Esto puede ayudarte a comprender mejor sus críticas y a diseñar un plan para mejorar.
4. **Mantén la perspectiva:** Recuerda que los comentarios negativos son sólo la opinión de una persona. No define tu valía como deportista. Mantén las cosas en perspectiva y no dejes que hagan tambalear tu confianza. Céntrate en tus puntos fuertes y en los progresos que has logrado, en lugar de obsesionarte con las críticas.
5. **Busca apoyo:** No dudes en buscar el apoyo de compañeros de equipo, entrenadores o mentores de confianza cuando te enfrentes a comentarios negativos. Pueden ofrecerte perspectiva, ánimos y consejos constructivos que te ayuden a superar situaciones difíciles.
6. **Convierte lo negativo en positivo:** Utiliza los comentarios negativos como motivación para demostrar que los críticos se equivocan. Canaliza la frustración o la decepción como combustible para mejorar. Deja que te impulse a esforzarte más y a luchar por la excelencia en el campo.

Esto es exactamente lo que Stephen Curry, cuatro veces campeón de la NBA y dos veces MVP, ha hecho en numerosas ocasiones a lo largo de su carrera:

## EL SUPERPODER DE STEPHEN CURRY

Si observas a la superestrella de los Golden State Warriors de la NBA en la cancha, todo parece salirle sin esfuerzo. Sin embargo, a pesar de su fantástico talento y su gran ética de trabajo, Stephen Curry se ha enfrentado a muchos desafíos en su camino hacia la grandeza.

De adolescente, los entrenadores no solían tener en cuenta a Curry debido a su baja estatura. También se le consideraba poco atlético. Por estas razones, no recibió ofertas de varias universidades importantes, incluyendo a la Universidad de Duke.

Sin embargo, Stephen se negó a que estos contratiempos lo desanimaran. Por el contrario, los utilizó como motivación para demostrar a sus detractores que estaban equivocados. Trabajó más duro que nunca para mejorar sus habilidades, fortalecer su cuerpo y perfeccionar su juego.

Durante el verano anterior a su segundo año de secundaria, Curry trabajó duro para mejorar su técnica de tiro. Pasó incontables horas practicando con su padre, Dell. Se centraron en el momento en que soltaba el balón y cómo finalizaba el tiro. Al prestar mucha atención a sus lanzamientos cuando era joven, Curry se preparó para un gran éxito en la NBA.

Stephen atribuye a su resiliencia (a la que ha llamado su superpoder) como la fuerza motriz que le ha impulsado a convertirse en uno de los mejores tiradores que el juego ha visto jamás.

En un video inspirador que se hizo viral, Stephen demuestra este superpoder cuando le entregaron su informe de evaluación previo al draft de la NBA. Esto es lo que decía el informe:

*Muy por debajo de los estándares de la NBA en cuanto a explosividad y atletismo... con 1,90 m es extremadamente pequeño para la posición de escolta de la NBA, y probablemente le impida ser un gran defensor en el siguiente nivel. Tiene dificultades defensivas para moverse alrededor de las pantallas, puede excederse con sus tiros y apresurarse en las entradas de vez en cuando. Necesita añadir algo de músculo a su parte superior del cuerpo, pero parece que siempre será delgado...*

Tras leer el informe en voz alta, ¿cuál fue la respuesta de Stephen? En una muestra humilde, pero motivadora, de cómo manejar las críticas, Stephen respondió:

*"Sólo quiero decir que agradezco toda la motivación e inspiración para hacer todo lo que este papel dijo que yo no podría hacer".*

...¡Bien dicho Stephen!

## DEBRIEFING

Discutir lo ocurrido durante tu actuación es un aspecto vital del proceso competitivo por el que debes pasar antes de seguir adelante. A esto se le llama "debriefing".

Tanto si ganas como si pierdes, siempre puedes aprender de tu actuación. En el debriefing, que es básicamente un informe reflexivo, es donde identificas posibles áreas de mejora y empiezas a establecer objetivos. Es fácil dejar atrás el partido (sobre todo cuando pierdes), pero este análisis posterior al rendimiento es un hábito que los distinguirá a ti y a tu equipo como atletas. Y, como sabes, son los pequeños hábitos los que marcan la diferencia.

Lo ideal sería que tuvieran lugar dos tipos de debriefing. Estos serían:

**El debriefing inmediato**

Reflexionar junto a tu equipo inmediatamente después de un partido es crucial por varias razones. En primer lugar, te da a ti, a tus compañeros y a tu entrenador la oportunidad de expresar cualquier emoción y percepción cruda y sin filtrar, mientras la actuación aún está fresca en la mente. Esta reflexión inmediata puede ayudar a identificar los puntos fuertes y las áreas de mejora de la actuación, permitiendo a todos reconocer lo que funcionó bien y lo que no.

En segundo lugar, cuando se hace correctamente, fomenta un sentido de unidad y responsabilidad conjunta, ya que cada miembro del equipo tiene la oportunidad de expresar sus experiencias y perspectivas. Esto puede ser muy beneficioso para fomentar la cohesión del equipo y garantizar que cualquier frustración o error se aborden rápidamente, reduciendo el riesgo de que los problemas se agraven hasta la próxima sesión de entrenamiento.

**El debriefing de entrenamiento**

En la primera sesión de vuelta al entrenamiento puede tener lugar un informe más detallado. A medida que las emociones iniciales han disminuido, se puede poner mayor énfasis en un análisis más objetivo de las actuaciones individuales y del equipo.

A menudo, tu entrenador ha tenido el tiempo necesario para revisar las notas o las secuencias del partido y formular un informe estructurado. Aquí se pueden analizar y discutir en el equipo los momentos clave de la actuación. Esto puede incluir no sólo las tácticas y decisiones de tu propio equipo, sino también las del equipo contrario y cómo pueden haber influido en la actuación de tu equipo.

Además, el informe de entrenamiento también les permite a ti y a tu entrenador mantener una conversación más profunda sobre tu rendimiento individual. Los temas de discusión aquí pueden incluir los aspectos en los que destacaste, o las áreas en las que técnica y tácticamente necesitas trabajar. Recuerda que esta conversación no tiene por qué iniciarla necesariamente tu entrenador. Por el bien de tu desarrollo como deportista, está bien dar el primer paso y buscar activamente la retroalimentación de tu entrenador.

Lo único que debes recordar al entrar en esta conversación es mantener la mente abierta y estar dispuesto a aceptar cualquier crítica.

## RINCÓN DEL ENTRENADOR: DEBRIEFING

Las dos estrategias de debriefing mencionadas anteriormente pueden ser increíblemente beneficiosas para reforzar las lecciones aprendidas, establecer objetivos y ayudarte a planificar futuras sesiones de entrenamiento para tu equipo. También pueden fomentar un entorno de aprendizaje continuo en el que tú y los atletas a los que diriges evolucionen y se adapten constantemente en función de las experiencias recientes.

Sin embargo, desafortunadamente, he visto a algunos entrenadores gestionar bastante mal este importante debate posterior al rendimiento, sobre todo cuando se trata del debriefing inmediato después de una derrota.

Como entrenador, te interesa mucho el rendimiento de tu equipo. Una derrota puede dejarte tan disgustado, frustrado y decepcionado como a tus jóvenes atletas. Sin embargo, la forma en que respondas en esos momentos críticos tras el partido puede influir mucho en la moral de tu equipo.

Aquí tienes algunas cosas que debes tener en cuenta de cara a este informe:

- **Recuerda que eres un modelo a seguir:** Como entrenador, eres un líder y un modelo a seguir. Tus jóvenes deportistas te buscan para que les guíes, les apoyes y les des un buen ejemplo. Recuerda esto antes de formular cualquier tipo de respuesta y dirigirte a tu equipo.
- **Mantén la calma:** Por desalentadora que pueda ser una derrota, mantén tus emociones bajo control. Si es necesario, tómate unos minutos para ordenar tus pensamientos y dejar que se calmen tus emociones.
- **No culpes a nadie:** Una de las peores cosas que puedes hacer durante este debriefing es empezar a señalar negativamente a los jugadores. Si se han cometido errores individuales costosos, es probable que estos jugadores ya sean muy conscientes de sus errores. No es el momento de convertir esto en el centro de la discusión. Date a ti mismo y a los jóvenes atletas tiempo para tranquilizarse antes de abordar los errores individuales.

- **Gestiona la discusión:** Si la conversación entre compañeros se vuelve acalorada y las emociones negativas empiezan a apoderarse de la situación, debes tomar el control. Haz lo que puedas para devolver la conversación a un punto en el que el objetivo sea la crítica constructiva.
- **Busca aspectos positivos:** Intenta encontrar aspectos positivos en la actuación de tu equipo para subir la moral. Aunque no hayan ganado, es posible que no le hayan hecho ningún gol a tu equipo en la segunda mitad del partido, o quizás hayan reducido la diferencia de puntos. Independientemente del resultado final, si hay algo positivo que se pueda extraer, asegúrate de reconocerlo.
- **Posponer el Debrief:** Si te das cuenta de que, a pesar de tus mejores esfuerzos, sigues luchando por mantener bajo control las emociones negativas, lo mejor puede ser posponer el debate hasta la siguiente sesión de entrenamiento. En lugar de dirigirte a tu equipo y arriesgarte a decir algo de lo que puedas arrepentirte, tómate el tiempo necesario para informar a tus atletas de que prefieres hablar de la actuación más adelante. Sin embargo, no conviertas esto en una costumbre. Recuerda que se trata de un momento de necesidad en el que tus jugadores seguirán acudiendo a ti en busca de inspiración y orientación.

## CONVERSACIONES DIFÍCILES CON ENTRENADORES Y COMPAÑEROS DE EQUIPO

Como hemos mencionado en el Capítulo 4, la comunicación abierta y honesta con tus entrenadores y compañeros de equipo genera confianza, comprensión y apoyo. Aprenden unos de otros, se animan mutuamente y trabajan juntos para alcanzar sus objetivos. Esto crea una atmósfera en la que te sientes valorado y confiado, fomentando el crecimiento personal y conduciendo a un mejor rendimiento individual y de equipo.

Una buena capacidad de comunicación también puede ser una herramienta increíblemente poderosa a la hora de abordar conversaciones difíciles con tu entrenador y tus compañeros de equipo.

Aquí tienes algunos consejos que te ayudarán a expresar eficazmente tus necesidades o preocupaciones cuando surjan problemas:

**Consejo nº1: Elige el momento y el lugar adecuados:** No saques temas delicados en momentos acalorados o delante de otras personas. En lugar de eso, espera el momento y lugar adecuados en los que puedas hablar abiertamente y sin distracciones.

**Consejo nº2: Sé claro y específico:** Expresa claramente tus necesidades o preocupaciones. Utiliza ejemplos concretos para ilustrar tu punto de vista. No utilices un lenguaje vago o generalizado que pueda dar lugar a malentendidos.

**Consejo nº3: Utiliza frases en primera persona:** Utiliza el lenguaje en primera persona para hacerte cargo de tus sentimientos y tus experiencias. Por ejemplo, en lugar de decir: "Siempre me ignoras durante los entrenamientos", di: "Me siento frustrado cuando no recibo retroalimentación". Esto ayuda a evitar culpar a alguien y fomenta una conversación constructiva.

**Consejo nº4: Controla tus emociones:** Si estás hablando de un asunto que te preocupa, en el que quizá te sientas agraviado, haz todo lo posible por mantener tus emociones bajo control. Céntrate en los hechos y no dejes que tus emociones negativas te abrumen. Así evitarás decir algo de lo que luego puedas arrepentirte.

**Consejo nº5: Escucha activamente:** La comunicación eficaz es una calle de doble sentido. Escucha atentamente las respuestas de tus compañeros de equipo sin interrumpirlos. Muestra empatía y comprensión reconociendo su punto de vista, aunque no estés de acuerdo. Repite lo que has oído para asegurarte de haber entendido correctamente.

**Consejo nº6: Busquen soluciones juntos:** Entabla la conversación con una mentalidad colaborativa. Trabajar juntos para encontrar soluciones fomenta el trabajo en equipo y fortalece las relaciones.

**Consejo nº7: Respeta los límites:** Respeta los límites de tus entrenadores y compañeros de equipo, al igual que esperas que ellos respeten los tuyos. Sé consciente de su tiempo, energía y espacio personal. No les presiones para que traten tus preocupaciones inmediatamente. Dales tiempo para procesar la conversación y responder cuando estén preparados.

## CAPÍTULO SEIS: TRES PUNTOS CLAVE EN LOS QUE DEBO TRABAJAR

Necesito:
_____
_____
_____

Cómo lo haré:
_____
_____
_____

Cuándo comprobaré mi progreso:
_____
_____
_____

# ESTUDIO DE CASO 2: DE TALENTO LOCAL AL ÉXITO INTERNACIONAL - EL VIAJE DE KAI CALDERBANK-PARK

*Es parte de ser arquero: no hay nadie a tus espaldas para salvarte.*
- Hugo Lloris

Tuve el privilegio de trabajar con Kai en 2015 y 2016, cuando él apenas tenía 15 años. Jugando para los Wollongong Wolves (los "South Coast Wolves" de entonces), ganamos el Campeonato Estatal NPL1 de Nueva Gales del Sur en 2015. Al final de la temporada 2016, Kai se fue al Reino Unido para probar en varias academias juveniles de la Premier League inglesa.

Uno de los clubes para los que Kai probó fue el Burnley FC, al que le gustó el estilo del joven australiano y le ofreció un contrato de dos años. Desde entonces, Kai ha vivido la vida de un futbolista profesional en el Reino Unido. Durante este tiempo ha jugado en varios clubes de Inglaterra y Gales. Lo más destacado es que Kai formó parte del equipo ganador del campeonato 2023 del Wrexham FC, propiedad nada menos que de los actores Ryan Reynolds y Rob McElhenney. Kai incluso apareció en episodios de "Welcome to Wrexham", la reciente serie documental de Disney+.

A lo largo de los años, el talento de Kai también ha sido reconocido internacionalmente, siendo seleccionado para las selecciones nacionales australianas sub-19 y sub-23 en 2019. La selección sub-19 ganó la Copa Juvenil de la Federación Australiana de Fútbol ese año.

**CAROL:** Kai, hablemos de cuando fuiste a la prueba en el Reino Unido. ¿Qué objetivos te fijaste para tu entrenamiento previo a eso? ¿Qué te ayudó a mantenerte motivado?

**KAI**: Fui al Burnley a prueba en octubre de 2016 y, cuando me ofrecieron el contrato, supe que tenía seis meses para despedirme de casa y prepararme para trasladarme al Reino Unido.

El Burnley me dio un programa de entrenamiento para mantenerme en forma, y me dijeron que, al hacerlo, aumentaría de peso. Por aquel entonces yo tenía 15 años, medía 1,80 m y estaba muy delgado. Sólo pesaba 60 kilos (132 libras).

Durante esos seis meses, en los que regresé a Australia, me centré mucho en el programa de entrenamiento que me habían dado y entrenaba a veces 2 o 3 veces al día. Entrené tan duro que volví al Reino Unido pesando unos 75 kilos (165 libras).

Recuerdo que cuando volví allí y entré en el edificio, me miraron y dijeron: "¡Vaya, has ganado músculo!". Estaban muy impresionados, y yo me sentí muy feliz sabiendo que podían apreciar que había hecho el trabajo.

Y eso es lo que necesitas en el Reino Unido. Es un fútbol físico en comparación con el de Australia. Me habían garantizado un contrato de dos años en el Burnley, ¡era una oportunidad única en la vida! Así que sabía que tenía que estar lo más en forma posible. Ese tipo de cosas me hacían seguir adelante. Si me dices lo que tengo que hacer, lo haré. Ya me conoces: soy un tipo muy decidido.

**CAROL**: ¿Qué tan diferente fue el nivel de competencia en Inglaterra en comparación con jugar en Australia? Cuando comenzaste en el Burnley, ¿cómo te adaptaste mentalmente al cambio de nivel de intensidad?

**KAI**: Bueno, creo que es bastante obvio que el fútbol en el Reino Unido y en Europa es mucho mejor que en mi país. Obviamente, espero que algún día Australia pueda llegar a este nivel, pero, ya sabes, el fútbol en Europa e Inglaterra es simplemente de mayor calidad. Así que antes de venir aquí ya sabía que iba a ser físico, rápido, fuerte... todo iba a ser mucho mejor. Así que ya lo tenía en mente y estaba mentalmente preparada para eso.

Cuando fui a mi primera prueba, enseguida pensé: "¡Muy bien, estos chicos no se andan con chiquitas!". Podían usar el pie izquierdo, el derecho; eran rápidos, eran ágiles... Tuve que mentalizarme de que todo, desde dentro del campo hasta fuera de él, es muy estricto y estructurado.

Otras ligas son un poco más blandas, pero no aquí. No les importa. Te pisarán y te darán codazos. Así son las cosas, y tienes que enfrentarte a ellas. Pero una vez que ingresas en la dinámica y juegas 10, 20, 30 partidos, te adaptas y te acostumbras. Como todo, es cuestión de repetición.

**CAROL**: ¿Puedes describir algún momento en el que hayas tenido que recurrir a tu resiliencia mental durante un partido y cuál fue el resultado?

**KAI**: Sí, en realidad recuerdo dos partidos. Hubo un partido contra el Blackpool en la Copa Juvenil de la FA, cuando yo jugaba en el Burnley, y el Blackpool tuvo un tiro libre al borde del área.

Y estoy en el arco; había colocado mi barrera, y recuerdo haber pensado que iba a lanzar a la derecha. Bueno, me tiré hacia la derecha, y él tiró hacia el otro lado. Entró, y enseguida supe que había sido culpa mía.

Crédito de la foto: Pedro García

Pero en tu mente, en cuanto el balón entra en la red, tienes que quitártelo de la cabeza; ya ocurrió... sigue con el resto del partido.

Algunos bajan la cabeza cuando les hacen un gol. No, en cuanto te hacen un gol, prepárate, saca pecho y levanta la cabeza: ¡vamos de nuevo!

Crédito de la foto: Kai Calderbank-Park

... Lo siento, cometí un error, pero hablaremos de ello después del partido.En otro partido, nos enfrentamos al Oxford en la Copa Juvenil de la FA en Turf Moor. El marcador se mantuvo 0-0 durante todo el partido, pero yo había hecho unas cinco atajadas durante el partido y atajé un tiro penal... Sin embargo, seguía en 0-0 y el partido fue a penales.

Perdimos, por desgracia, pero durante todo el partido fue un constante ir y venir, ¡y yo estaba emocionado! ... Estaba jugando en Turf Moor, un estadio de la Premier League. Era solo en la categoría Sub-18, pero pensaba, mira lo que estoy haciendo en este momento; imagina este estadio lleno con 20.000 personas.

... ¡Así que fue una experiencia un poco abrumadora! Pero fue simplemente increíble. Tuve que recordarme continuamente que debía mantener la concentración. Te esté yendo bien o mal, tienes que esforzarte, mantenerte positivo, estar siempre feliz, sonriendo, con la cabeza alta, el pecho hacia delante, y seguir adelante.

**CAROL**: ¿Haces algo en particular antes del partido para prepararte mentalmente? ¿Hay algo que hagas para entrar en la zona?

**KAI**: Cuando salgo de casa para ir al estadio, me pongo los auriculares y escucho música. Luego, a veces, cuando llego al estadio, intento visualizar... pienso: "¡Muy bien, voy a atajar un penal, voy a parar un mano a mano o un golazo de 40 metros, y todo el mundo va a alucinar!". Ya estoy intentando imaginármelo.

Cuando me preparo, siempre me pongo primero el botín derecho y el guante derecho... es un ritual. Como soy diestro, quiero que mi guante derecho esté más apretado que el izquierdo. Mentalmente, sólo necesito sentir que está más apretado... No puedo tener el izquierdo más apretado que el derecho porque me siento raro.

Luego tengo mis canilleras personalizadas. La de la izquierda somos mi novia y yo, y en la de la derecha estoy con mis amigos de la infancia, mis amigos con los que crecí. Esas pequeñas cosas marcan la diferencia y me ayudan a prepararme mentalmente.

**CAROL**: Entonces, ¿la rutina, los rituales y la visualización son lo que te ayuda?

**KAI**: Sí, sobre todo cuando me pongo las canilleras. La de mi izquierda es mi novia, y lo hago por ella. Ya sabes, quiero que se sienta orgullosa. Y lo que es igual de importante, en la derecha, están mis amigos con los que crecí; son mis chicos de casa, así que lo hago por ellos. Quiero que se sientan orgullosos. Quiero... no sé; me emociona un poco. Cuando volví a casa en 2019, me dijeron que estaban muy orgullosos de mí... y eso es lo que te emociona; lo que te inspira.

**CAROL**: Desde el punto de vista de la fortaleza mental, ¿hay algo con lo que luches? ¿Los nervios, la ansiedad, la autoestima, el miedo a las lesiones o al fracaso? ¿Y cómo intentas mejorar ese aspecto?

**KAI**: Hmm, sinceramente, probablemente soy uno de los personajes más relajados, soy de los que no les importa nada. Me lo han dicho antes y después del partido, durante los partidos... y personalmente... lo encuentro motivador y divertido.

No me pongo nervioso. Podrías ponerme delante de 50.000 personas y no me importaría; sería como: ¡esto es genial! No entiendo cómo los jugadores se ponen delante de un par de cientos de personas y se asustan de verdad. No, yo pienso, ¿por qué? Haz tu trabajo normal. Es lo que haces cada día en los entrenamientos. ¿Cuál es la diferencia? Pienso: "Esto es genial; vamos a divertirnos".

Incluso cuando me lesioné en el Burnley, fue en mi segundo año. Me lesioné el tobillo y estuve fuera toda una temporada. Resumiendo, el tejido que mantiene los ligamentos en su sitio se rompió, así que mis ligamentos se deslizaban de un lado a otro sobre el tobillo. Supe que algo no iba bien en cuanto me sucedió. Acabaron operándome y me pusieron dos clavos metálicos. El proceso de recuperación duró unas 12 semanas, pero en mi primera sesión de carrera de vuelta, uno de los clavos se rompió y volví a sentirlo.

Inmediatamente, miré al fisioterapeuta y le dije: "Se me ha vuelto a romper".

Luego, cuando volví al cirujano, me dijo: "Para serte sincero, esto va a ser muy difícil". No tenía mucho espacio en el tobillo para colocar otro clavo, y me dijo que si no funcionaba, probablemente mi carrera futbolística habría terminado.

Pero crucé los dedos, y toco madera, he estado bien desde entonces. Recuerdo que cuando me sucedió, estaba como, está bien, sé que ahora estaré fuera de juego al menos seis meses, pero pensé, voy a tomármelo como algo positivo.

Crédito de la foto: Nik Mesney

**CAROL**: ¿Y qué hiciste durante ese tiempo de recuperación?

**KAI**: Hice mucho más trabajo de análisis simplemente viendo fútbol. Solíamos ir a todos los partidos de la Premier League en el Burnley. Así que veía a los arqueros y los analizaba. Luego volvía durante la semana con mi entrenador de arqueros y hacíamos análisis individuales, observando a los juveniles y a los sub-23.

Sabiendo que tenía entre seis meses y un año, lo utilicé como motivación. Pensé: "Voy a volver al gimnasio. Volveré a ponerme en forma. ¡Ganaré masa muscular y subiré unos kilos!".

Hicimos pruebas antes del comienzo del año, así que sabía cuáles eran mis puntos débiles. Mi pie izquierdo no era tan fuerte como el derecho, así que trabajé en el izquierdo para ponerlo a punto. Luego, cuando regresé, me sentía como "Oh, soy una máquina... ¡aquí vamos!". Ambos lados estaban fuertes y los sentía iguales. Mi tobillo izquierdo estaba incluso mejor ahora. Me sentía renovado. Hacía un año que no daba patadas al balón, pero estaba listo para empezar. Estaba ansioso por regresar con la llegada de una nueva temporada.

Así que sí, mucha gente se hunde, pero tienes que pensar en convertir lo negativo en positivo. Siempre lo he visto así.

**CAROL**: ¿Qué importancia crees que tiene la resiliencia mental en comparación con la capacidad física en tu deporte, especialmente siendo arquero?

**KAI:** Sí, si no tienes resiliencia mental como arquero, entonces no le veo sentido a que juegues en esa posición; mejor deberías dejarlo.

Si cometes un error, te meten un gol. Es lo que sale en todas las noticias y en los periódicos. Como arquero, tienes que ser fuerte mentalmente. Tienes que darte cuenta de que vas a cometer errores. Todo se trata de cómo te recuperas y reaccionas. En cuanto te meten un gol o cometes un error, olvídalo. Ya ha pasado; sigue adelante. En el siguiente tiro que llegue, tienes que pensar: "Voy a atajarlo".

... Y esa atajada puede hacerte ganar el partido. Hay tantos altibajos en un partido de 90 minutos que es ridículo.

**CAROL:** Pasemos a tu época en el Wrexham. Cuando llegaste al club, y sabiendo que se estaba filmando el documental, ¿cómo te concentraste en el entrenamiento con las cámaras a tu alrededor?

**KAI:** Los dos primeros días, más o menos, estaba un poco en plan

"¿Qué está pasando?", porque bajaba al vestuario y había una cámara enorme con cuatro personas mirándome.

Pero, para ser honesto, al cabo de una semana te acostumbras. En general, a veces ni siquiera te das cuenta de que están ahí... Y te haces amigo del equipo de cámara, así que se convierte en algo normal verlos allí.

A veces, también has empezado a entrenar antes de que aparezcan, así que no es una distracción ni nada porque ya estás en modo de entrenamiento.

**CAROL**: Y tener a Rob y a Ryan presentes, ¿cómo fue? ¿Te motivó más saber que estaban allí, o se te metió en la cabeza: "Tengo que rendir"? ¿Existía una presión añadida cuando ellos estaban cerca?

**KAI**: No, sinceramente, en todo caso, te motiva aún más por lo sencillos y encantadores que son como seres humanos.

Crédito de la foto: Kai Calderbank-Park

Rob y Ryan harían literalmente cualquier cosa por ti. Recuerdo que cuando yo estaba allí, nos llevaron aparte y nos dijeron que si queríamos hacer algo relacionado con la parte empresarial del fútbol, nos ayudarían.

Cuando estaba pensando en abrir un canal de YouTube y Twitch, que es lo que hago ahora, me dijeron: "Por supuesto, sí, podemos ayudarte con eso".

Cuando estaban allí, tanto dentro como fuera del campo, se notaba que eran personas encantadoras y apasionadas. La razón por la que entreno y juego aquí es gracias a ellos. Me trajeron aquí y básicamente me pagaron el sueldo, pero sobre todo, son unos seres humanos increíbles. Quieren llevar eventualmente a Wrexham a la Premier League, y yo quería formar parte de ese viaje.

Puedo mirar atrás y decir que estuve en esa primera etapa, cuando ascendieron a la Liga 2, lo cual es un logro enorme para el Wrexham. Así que estar allí fue increíble; fue bastante genial.

**CAROL**: Desde el punto de vista de la resiliencia mental, ¿hay algún futbolista al que admires? ¿Al que respetes?

**KAI**: Cuando era más joven, yo era delantero. Así que era a Steven Gerrard a quien admiraba durante mi infancia.

Sin embargo, cuando me hice arquero, mi ídolo fue Hugo Lloris, que jugaba en el Tottenham Spurs. Y mucha gente dice ¿por qué? ... Para mí personalmente, Lloris tiene más o menos la misma altura que yo, y jugó en la Premier League unos 10 o 12 años. Es internacional, ya que es francés, fue capitán de los Spurs en su momento y ha sido capitán de Francia. Ha ganado un Mundial. Ha sido uno de los mejores arqueros de su generación durante unos 10 años más o más.

También siento que mi juego se parece un poco al suyo. Pateo de la misma manera que él, con el balón fuera de las manos. Así que cuando me enteré de eso, pensé, sí, somos algo parecidos. Ahora juega en la MLS y ha tenido una carrera increíble.

**CAROL**: ¿Tienes alguna cita, dicho o letra de canción favorita que te inspire y te ayude en tu trayectoria como futbolista?

**KAI**: Sí, siempre digo esta cita. Y es "Sólo se vive una vez". Para mí, se trata de hacer todo lo que puedas en tu vida.

Siempre digo a todo el mundo que haga lo que quiera. Si quieres ser futbolista, sé futbolista; si quieres ir a la luna, ve a la luna... puede hacerlo. Sólo tienes que proponértelo.

Nunca tuve la intención de ser futbolista cuando era más joven. Pero luego, dos o tres años más tarde, cuando me fui a los Wolves, me di cuenta de que, ¿sabes qué? ¡soy muy bueno!

Lo siguiente que supe fue que había fichado por el Burnley y pensé: "De acuerdo, esto realmente me llevará a algún lado ahora". En ese momento, pensé: "¡Hagámoslo; vamos!". Nunca volveré a tener una oportunidad como ésta en mi vida, así que tengo que dar lo mejor de mí.

De todo corazón, esa es mi mentalidad... sólo se vive una vez. Si quieres lograr algo, solo ve y hazlo.

*Para ver los mejores momentos de Kai jugando en la Europa League Conference, escanea el código QR que figura a continuación.*

# SIETE
# ENTRENADORES, COMPAÑEROS DE EQUIPO Y FORTALEZA MENTAL

¿Cómo es tu relación con tu entrenador y tus compañeros de equipo? ¿Puedes hablar abiertamente con ellos, o te reprimes? ¿Te sientes cómodo compartiendo tus dificultades y celebrando juntos sus victorias?

En este capítulo profundizaremos en cómo fortalecer las relaciones con tu entrenador y tus compañeros de equipo. Establecer vínculos fuertes con estas figuras clave puede ayudarte a sentar las bases de tu fortaleza mental y de tu éxito como deportista.

Este capítulo también es tanto para tu entrenador como para ti. Con varios ejemplos sobre cómo desarrollar la fortaleza mental desde la perspectiva de un equipo y de un jugador individual, tu entrenador podrá crear un entorno en el que la resiliencia se cultive a través de la confianza, el respeto y el trabajo en equipo, permitiéndote a ti y a tus compañeros manejar la adversidad y rendir de forma consistente bajo presión.

## CULTURA DE EQUIPO

Todo equipo exitoso tiene una sólida cultura de equipo. ¿Qué es la cultura de equipo?

La cultura de tu equipo responde a la pregunta: "¿Cómo hacemos las cosas realmente? ¿Cómo llegamos de donde estamos ahora a donde queremos estar?"

Los valores de tu equipo influirán en el aspecto de su cultura. Si alguien ajeno a tu equipo entra en una sesión de formación y observa durante un rato, debería ser capaz de ver la cultura de tu equipo. Podrían salir con una lista de palabras que incluya lo siguiente:

- Trabajo en equipo
- Respeto
- Unidad
- Compromiso

Esta persona puede ver que tú, tus compañeros y tu entrenador muestran estos valores. Así que, la cultura de tu equipo no es una bonita frase escrita en una pared, sino lo que hacen realmente día tras día.

Para ayudar a construir una cultura sólida, tienes que tener ciertas cosas en su sitio. Empieza por establecer los valores de tu equipo.

Los valores son las cualidades no negociables que muestra tu equipo. Incluyen los compromisos que los miembros del equipo contraen entre sí y consigo mismos. Pueden consistir en llegar siempre en hora, llevar el uniforme de entrenamiento correcto y estar de acuerdo en anteponer lo mejor para el equipo como una prioridad.

Una vez que cada miembro sea transparente y esté comprometido con los valores que constituyen los cimientos de tu equipo, estarán preparados para poner en práctica las cosas divertidas que contribuyen a hacerlos realidad.

Esto puede implicar el uso de rituales, símbolos y lemas de equipo:

- **Rituales:** Los rituales pueden incluir cualquier cosa, desde apretones de manos especiales hasta chistes internos y acrónimos. Son una forma poderosa de reforzar el sentimiento de pertenencia al equipo y sus valores. Estas experiencias compartidas fomentan la camaradería y la unidad entre los miembros del equipo. Los rituales previos al partido, como reunirse en grupo o escuchar una canción concreta, pueden aumentar la moral y la concentración. Los rituales antes del partido, como cantar una canción del equipo o cenar juntos, pueden brindar la oportunidad de celebrar los éxitos y debatir las mejoras colectivamente. Estos contribuyen a crear una fuerte identidad de equipo, en la que cada miembro se siente conectado y comprometido con los objetivos del grupo, lo que en última instancia mejora el rendimiento general del equipo y su resiliencia.
- **Símbolos:** Un símbolo puede ser una imagen visual, un icono o un objeto con un significado especial. Este símbolo podría incluir el emblema de tu club, o algo colgado o impreso en la pared de los vestuarios de tu equipo. Como parte de un ritual de equipo, tal vez quieras reconocer este símbolo y el significado que tiene para ti y para tu equipo tocándolo antes de un partido. Además, llevar los colores del equipo o prendas adornadas con estos símbolos puede infundir orgullo y sentido de pertenencia. Estos símbolos actúan como recordatorio constante de la identidad, la herencia y la misión compartida del equipo, ayudando a solidificar el vínculo entre los miembros del equipo e inspirar a todos los implicados para que den lo mejor de sí mismos.
- **Lemas del equipo:** Se trata de un eslogan o frase que adopta el equipo para motivarse, sobre todo antes de un partido. Encuentra ese lema que entusiasme a todos y exprese a la perfección la cultura de tu equipo. Aquí tienes un ejemplo de

un lema de equipo que se gritaba con orgullo antes de cada partido cuando trabajé con los Wollongong Wolves sub-15:

*¡Soy un lobo y fortaleceré a mi manada!*

Al crear un lema de equipo, ten en cuenta las cualidades o valores que encarna tu equipo. También puedes inspirarte en el nombre de tu club o en los rasgos de su mascota.

En el ejemplo de los Lobos que acabamos de mencionar, nuestro equipo se inspiró en este lema, ya que captaba la esencia del trabajo en equipo y la unidad inherentes a una manada de lobos. Como los lobos son conocidos por su fuerte conexión social, su cooperación y su apoyo mutuo, el lema animó a cada uno de nuestros jugadores (y al cuerpo técnico) a asumir su responsabilidad individual, reconociendo al mismo tiempo que sus contribuciones eran fundamentales para mejorar la fortaleza y el éxito de todo el equipo.

Mantener esta mentalidad fue una de las fuerzas motrices del increíble éxito que tuvimos esa temporada, y contribuyó a que el equipo se coronara campeón de la primera división de Nueva Gales del Sur.

La cultura de tu equipo se refuerza con rituales, símbolos y lemas de equipo, pero también se deriva de valores y creencias. Esas cualidades distinguen una cultura mediocre de otra que impulsa a un equipo a la grandeza, fomentando la cohesión, la resiliencia y un sentido compartido de propósito entre sus miembros.

## CONSTRUIR RELACIONES POSITIVAS ENTRE ENTRENADOR Y ATLETA

En el deporte, los entrenadores no sólo están ahí para enseñarte ejercicios o estrategias; están ahí para guiarte a través de los altibajos deportivos, tanto dentro como fuera del campo. En consecuencia, pueden convertirse en tu aliado definitivo para desarrollar la resiliencia. Sin embargo, establecer una relación enriquecedora con tu entrenador no es algo que suceda automáticamente. Tu entrenador y tú tienen que trabajar para crearla.

Aquí tienes algunos elementos fundamentales necesarios para construir una relación positiva con tu entrenador:

- **Respeto mutuo:** Tener un sentimiento compartido de respeto mutuo es esencial para esta relación. Cuando respetas a tu entrenador y él te respeta a ti, ¡se produce la magia! Te sientes cómodo compartiendo tus ideas, haciendo preguntas y trabajando juntos. Además, se genera confianza, que es el factor cohesivo que lo mantiene todo unido.
- **Comunicación:** Esta es clave para ayudar a desarrollar el respeto mutuo. Habla con tu entrenador con sinceridad y amabilidad, como te gustaría que te hablaran a ti. Escucha sus comentarios, aunque sean difíciles de oír, y no tengas miedo de compartir tus pensamientos y sentimientos.
- **Agradecimiento:** Agradece todo el trabajo duro que realiza tu entrenador. Un simple "gracias" o chocar los cinco después del entrenamiento puede llegar muy lejos. Demuestra que reconoces y valoras su esfuerzo. Esto no pasará desapercibido para tu entrenador y le hará sentirse apreciado.
- **Trabajo en equipo:** Esta es otra forma de ganarte el respeto de tu entrenador. Cuando apoyas a tus compañeros y los animas, también respetas el liderazgo de tu entrenador. Es como decir: "¡Eh, entrenador, estamos todos juntos en esto, y te cubrimos las espaldas!". Esto es especialmente importante incluso cuando tu entrenador no te ha elegido en la alineación inicial o te ha sustituido. Demostrar que puedes respetar su decisión y dejar a un lado tu propia decepción para animar a tus compañeros será algo que tu entrenador tendrá en cuenta y valorará.

## TRES FAMOSAS ASOCIACIONES EN EL DEPORTE

A lo largo de los años ha habido numerosas asociaciones entre entrenadores y atletas que han encarnado lo que debería ser una relación positiva y de confianza. Aquí tienes tres ejemplos destacados en los que tanto tú como tu entrenador pueden inspirarse:

### #nº1: Michael Jordan y Phil Jackson

La relación entre Michael Jordan y Phil Jackson es legendaria en el deporte. Su asociación condujo a un éxito sin precedentes en la cancha de baloncesto y dejó un legado duradero en el mundo del entrenamiento y el liderazgo. Analicemos qué hizo que su vínculo fuera tan especial y cómo Jackson se ganó la lealtad eterna de Jordan mientras sacaba lo mejor de él.

Ante todo, la confianza era la piedra angular de su relación. Phil Jackson comprendió el talento inigualable de Jordan y reconoció la importancia de darle poder como líder. Confiaba en los instintos de Michael en la cancha y le permitía expresarse como jugador y líder. Esta confianza mutua fomentó un profundo sentido del respeto, sentando las bases de su éxito.

La filosofía de entrenamiento de Jackson fue otro factor decisivo en su relación. No era sólo un entrenador de baloncesto, sino un maestro de la psicología y la dinámica de equipo. Jackson adoptó métodos poco comunes, como el budismo zen y los rituales de los nativos americanos, para inculcar un sentido de atención plena y unidad en el equipo. Este enfoque conectó con Jordan, que prosperó bajo la guía mental y emocional de Jackson.

Jackson también comprendió la importancia de gestionar los egos y construir una sólida cultura de equipo. Creó un entorno en el que cada jugador se sentía valorado y comprendía su rol dentro del equipo. En lugar de confiar únicamente en la brillantez de Jordan, Jackson hizo hincapié en el trabajo en equipo y el esfuerzo colectivo. Este enfoque elevó el juego de Jordan y empoderó a sus compañeros para contribuir al éxito del equipo.

Otro aspecto crucial de su relación fue la capacidad de Jackson para desafiar a Jordan. No tenía miedo de empujar a Michael fuera de su zona de confort y exigirle más, tanto dentro como fuera de la cancha. Jackson sabía cómo equilibrar el apoyo y el amor duro, motivando a Jordan para que se esforzara continuamente por alcanzar la excelencia. Michael respetaba la filosofía de entrenamiento de Jackson y aceptó su papel de mentor, reconociendo el valor de la guía de Jackson en su camino hacia la grandeza.

En última instancia, su relación fue especial debido al respeto, la confianza y el entendimiento mutuo. Su asociación resultó en seis campeonatos de la NBA y transformó nuestra forma de ver el coaching y el liderazgo en el deporte.

**#n°2: Serena Williams y Partick Mouratoglou**

La relación entre Serena Williams y Patrick Mouratoglou es una fascinante historia de colaboración y respeto. En el centro de su vínculo había una profunda confianza mutua. Mouratoglou, reputado entrenador de tenis, comprendía el inmenso talento de Serena y compartía su incansable afán de éxito. Creía en sus capacidades y le proporcionó un apoyo inquebrantable, creando un espacio seguro para que Serena prosperara dentro y fuera de la cancha.

El método de entrenamiento de Mouratoglou iba más allá de las habilidades técnicas, centrándose en la fortaleza mental, las estrategias tácticas y la forma física. Adaptó su entrenamiento a los puntos fuertes y débiles de Serena, empujándola constantemente a evolucionar y adaptar su juego. Al desafiarla a salir de su zona de confort y adoptar nuevas tácticas, Mouratoglou ayudó a Serena a llevar su juego a niveles sin precedentes.

Una de las mayores virtudes de Mouratoglou como entrenador fue proporcionar retroalimentación constructiva manteniendo al mismo tiempo un ambiente positivo y de apoyo. Comprendió la importancia de alimentar la confianza y la autoestima de Serena, animándola a aprovechar sus puntos fuertes y a jugar con convicción.

Mouratoglou construyó una cultura de responsabilidad y mejora continua dentro de su equipo. Fomentó la comunicación abierta y la colaboración, invitando a Serena a participar activamente en el proceso de toma de decisiones y a asumir la responsabilidad de su desarrollo. De este modo, Mouratoglou ayudó a Serena a desplegar todo su potencial en la pista.

### #n°3: Christiano Ronaldo y Sir Alex Ferguson

La relación entre Cristiano Ronaldo y Sir Alex Ferguson es una de las más emblemáticas de la historia del fútbol. Su asociación aportó un éxito sin precedentes al Manchester United y transformó a Ronaldo en uno de los mejores jugadores de todos los tiempos.

Sir Alex vio el potencial de Ronaldo cuando lo fichó para el Manchester United como joven talento procedente del Sporting de Lisboa. Creyó en las habilidades de Ronaldo y le proporcionó la orientación y el apoyo que necesitaba para florecer en el campo. La confianza que se forjó entre ellos creó una base sólida para su relación y permitió a Ronaldo prosperar bajo la tutela de Sir Alex.

Sir Alex reconoció el talento en bruto de Ronaldo y le inculcó la disciplina, la ética del trabajo y la inteligencia táctica necesarias para triunfar al más alto nivel. Desafió a Ronaldo a superar sus límites y a esforzarse constantemente por mejorar.

Sir Alex comprendió la importancia de reforzar la confianza y la autoestima de Ronaldo. Animó a Ronaldo a expresarse en el campo y a jugar con la libertad y creatividad que han definido su estilo de juego. Sir Alex proporcionó comentarios constructivos y orientación, pero también dio a Ronaldo la oportunidad de tomar sus propias decisiones y asumir riesgos.

Otro aspecto fundamental de su relación fue la capacidad de Sir Alex para crear un ambiente de apoyo y competitividad dentro del equipo.

Desarrolló una cultura de unidad y responsabilidad, en la que se animaba a los jugadores a presionarse mutuamente para dar lo mejor de sí mismos. Este entorno motivó a Ronaldo a mejorar continuamente su juego y a esforzarse por alcanzar la excelencia, sabiendo que sus compañeros y su entrenador le cubrían las espaldas.

Por último, Sir Alex mostró una preocupación y un interés genuinos por el bienestar de Ronaldo, tanto dentro como fuera del campo. Para Cristiano, esto creó un sentimiento de lealtad, familia y respeto que ha superado la prueba del tiempo y sigue siendo fuerte entre los dos hasta el día de hoy.

## APRENDER DE LOS GRANDES

Ahora que hemos explorado tres grandes ejemplos de cómo pueden ser las relaciones entre entrenador y atleta, examinemos algunos elementos clave. Tómate tu tiempo para volver a leer estas relaciones y ver si puedes enumerar algún elemento común en la forma en que Phil, Patrick y Sir Alex trabajaron con sus respectivos atletas. Escríbelos aquí:

Elemento de entrenamiento n°1:

_____

_____

_____

Elemento de entrenamiento n°2:

_____

_____

_____

Elemento de entrenamiento n°3:

_____

_____

_____

Ahora, considera la relación que tienes con tu entrenador. Valora los elementos que has identificado en una escala del 1 al 10 en función de la eficacia con que se manifiestan en tu propia relación entrenador-atleta.

Por último, piensa en cómo puedes mejorar estos valores con tu entrenador. Tómate tu tiempo para tener en cuenta también los elementos descritos anteriormente que ayudan a construir una relación entrenador-atleta positiva, como el respeto mutuo, la comunicación, el aprecio y el trabajo en equipo.

## EL RINCÓN DEL ENTRENADOR: CONSTRUIR RELACIONES POSITIVAS ENTRE ENTRENADOR Y ATLETA

Como entrenador, tienes una oportunidad única de moldear las habilidades de tus jóvenes atletas y fortalecer sus mentes no sólo en relación al deporte, sino también para el juego de la vida. Exploremos algunas estrategias para cultivar la fortaleza mental y fortalecer el vínculo entre tú, tu equipo y cada uno de los atletas individualmente.

**Predica con el ejemplo:** No podemos esperar que nuestros atletas desarrollen fortaleza mental si nosotros mismos no la encarnamos. Comparte tus experiencias de superación de desafíos y resiliencia. Por ejemplo, si has practicado algún deporte anteriormente, comparte una historia sobre tu etapa como atleta o una situación desafiante a la que te hayas enfrentado como entrenador. Mostrar vulnerabilidad ayuda a humanizarte ante los ojos de tu equipo y les inspira a superar sus propias dificultades.

**Muestra empatía:** Demostrar empatía ayuda mucho a un joven atleta a superar no sólo los altibajos del deporte de competición, sino la vida en general. Ten en cuenta y respeta que a veces otros acontecimientos de la vida tienen prioridad sobre sus compromisos deportivos. Estos pueden incluir una boda familiar o, tristemente, incluso funerales. También puede ocurrir que el joven atleta necesite una o dos noches de descanso para estudiar para un examen escolar importante. Sé comprensivo y acomódate a estas necesidades cuando surjan, proporcionando siempre un entorno de apoyo en el que no se les penalice por dar prioridad a estos acontecimientos.

**Momentos de mentoría:** Dedica tiempo a hablar con tus deportistas individualmente en los entrenamientos y los días de partido. Estos momentos de mentoría pueden ser tan sencillos como brindar retroalimentación durante las pausas de descanso entre ejercicios de entrenamiento, o algo más formal para discutir acerca de sus objetivos individuales, o de los puntos fuertes y débiles de su rendimiento (incluir a los padres o tutores en estas conversaciones estructuradas también puede ser beneficioso). Establecerás una buena relación con los atletas a tu cargo mostrando un interés genuino por su desarrollo individual.

**Participación activa:** En lugar de ser el único que dirige las conversaciones y dicta la dirección de las sesiones de entrenamiento, permite que los jóvenes atletas tengan un papel más proactivo en su desarrollo. Fomentando el debate abierto, escuchando activamente la retroalimentación y permitiendo que los jóvenes atletas prueben cosas nuevas (¡aunque no funcionen!), ayudarás a fomentar un mayor sentido de pertenencia y responsabilidad entre tus jugadores. Esto puede ayudarles a sentirse más implicados en su entrenamiento y proporcionar a ambos algunos momentos de aprendizaje y enseñanza de valor incalculable.

Participar en estas prácticas ayuda a los jóvenes atletas a desarrollar su capacidad para tomar decisiones y resolver problemas. Les permite analizar sus puntos fuertes y débiles, y explorar soluciones de manera colaborativa. Esto puede mejorar significativamente su resiliencia mental, ya que aprenden a superar desafíos y contratiempos con una mentalidad más proactiva e independiente. Además, aumentará su confianza y su capacidad de comunicación, preparándolos para tomar decisiones informadas en el fragor de la competición.

## LA IMPORTANCIA DEL MENTORING EN EL DESARROLLO DEL ATLETA

Imagina que subes por un sendero de montaña en el que nunca has estado. Llegas a una bifurcación y decides tomar el camino de la izquierda. Al cabo de una hora, te das cuenta de que te diriges lentamente cuesta abajo: ¡has elegido la dirección equivocada! Ahora, tienes que volver sobre tus pasos para volver al nivel en el que estabas anteriormente.

¿Cuánto mejor habría sido si hubieras tenido un guía a tu lado, alguien que pudiera advertirte acerca de los caminos que podrían llevarte en la dirección equivocada?

Un mentor puede ser ese guía para ti.

Como se vio con la historia de Tom Brady en el Capítulo 1, un mentor no tiene por qué ser necesariamente tu entrenador. Una de las personas más influyentes en la carrera deportiva de Tom fue el psicólogo deportivo de su universidad.

Algunos ejemplos de otras personas que pueden ayudarte a guiarte en tu trayectoria deportiva son:

- **Atletas retirados:** La carrera de un atleta retirado puede servir como un mapa hacia el éxito. Sin duda han tropezado, han tenido momentos de equivocación y quizás han seguido consejos erróneos. Si aprendes de su trayectoria, podrás evitar cometer los mismos errores y tomar decisiones con conocimiento de causa.
- **Compañeros de equipo senior/jugadores de grupos de mayor edad:** De forma similar a lo anterior, estos atletas más

veteranos también pueden proporcionarte conocimientos inestimables basados en sus experiencias pasadas.

Sin embargo, la ventaja añadida de estos mentores es que puedes ver cómo afrontan los altibajos de la competición en tiempo real. Si tienes la suerte de jugar en el mismo equipo que estos mentores, a menudo también son muy buenos dando consejos sobre la marcha de los que puedes aprender.

- **Personal auxiliar del entrenador:** Estas personas pueden ser un director de equipo, un entrenador ayudante, un entrenador de acondicionamiento o un profesional de la salud, como un fisioterapeuta. Dependiendo de su posición dentro del equipo y de su área de especialización, estas personas pueden ayudarte a desarrollar tu capacidad de recuperación de distintas maneras. Por ejemplo, un entrenador de preparación física puede orientarte sobre lo que debes y no debes hacer para destacar físicamente en tu deporte. Al mismo tiempo, un fisioterapeuta puede proporcionarte la tranquilidad psicológica y la educación que necesitas mientras te recuperas de una lesión.
- **Profesores:** Como estudiante deportista, los profesores de secundaria pueden ser inestimables para ayudarte a encontrar un equilibrio entre tus esfuerzos deportivos y las tareas escolares. Ellos pueden asistirte en la priorización de tu tiempo y a encontrar formas de ayudarte a gestionar posibles factores de estrés académico, como rutinas de estudio deficientes o bajas calificaciones.

No pierdas de vista a estas personas increíbles y cómo su sabiduría y experiencia pueden ayudarte a conformar tu mentalidad como atleta y persona, ¡ahora y durante muchos años!

## TÚ Y TUS COMPAÑEROS DE EQUIPO

Formar parte de un equipo es uno de los beneficios más increíbles de practicar deportes. Puede darte un profundo sentimiento de pertenencia, orgullo y apoyo. Un entorno de equipo fuerte también te ayuda a desarrollar resiliencia cuando las cosas se ponen difíciles. Saber que tus compañeros de equipo te cubren las espaldas puede ayudarte a recuperarte de los reveses y los desafíos.

Pero no todo es color de rosas.

En cualquier grupo, habrá personas con las que te lleves mejor que con otras, y tal vez una o dos con las que no congenies. Tu desafío es evitar que eso afecte a la cohesión de tu equipo.

Aquí tienes algunos consejos que te ayudarán a desempeñar tu papel en la creación de un sólido vínculo de equipo:

- **Céntrate en el objetivo común:** No se trata de hacer un montón de amigos nuevos (¡aunque eso estaría muy bien!), sino de mejorar y tener el mayor éxito posible. Puede que no te lleves bien socialmente con todos los miembros del equipo, pero no pierdas de vista el objetivo del equipo: rendir bien juntos.
- **Valora el papel de cada uno:** Concéntrate en lo que cada jugador aporta al equipo y en cómo todos colaboran para crear el mejor resultado de rendimiento. Aunque no te lleves bien por naturaleza con un jugador, sigue siendo una parte valiosa del equipo, al igual que tú. Cada uno tiene un rol que desempeñar en la consecución del éxito, y reconocerlo puede ayudar a crear unidad y respeto.
- **Predicar con el ejemplo:** Demuestra una actitud positiva, ética de trabajo y deportividad tanto dentro como fuera del campo. Muestra compromiso y respeto hacia tus compañeros y entrenador esforzándote por ser puntual, estar preparado y concentrado durante el entrenamiento y el día del partido,

tratando siempre de mantener una actitud de apoyo y ánimo. Si demuestras constantemente estas cualidades, inspirarás a los demás a seguir tu ejemplo, creando una cultura de excelencia y respeto mutuo dentro del equipo.

## EL RINCÓN DEL ENTRENADOR: COHESIÓN DEL EQUIPO

Incluso el equipo más cohesionado tendrá periodos difíciles en los que surjan conflictos. Como entrenador de deportes juveniles, trabajas con jóvenes que aún están desarrollando las habilidades sociales necesarias para crear cohesión de equipo. Aquí tienes algunas ideas que te ayudarán a crear un ambiente de equipo cohesionado:

- **Establece valores y objetivos de equipo:** Durante la pretemporada, celebra una sesión teórica para establecer los valores y objetivos del equipo para la próxima temporada. Esto funciona bien cuando está dirigido por los jugadores.

Divide al equipo en pequeños grupos para que discutan y escriban cuáles son sus objetivos y valores deseados. A continuación, cada equipo debe presentar sus ideas al resto del equipo. Esta actividad fomenta la comunicación abierta, el trabajo en equipo y la oportunidad de que todos contribuyan a lo que el equipo quiere conseguir para la temporada y a los valores que les ayudarán a conseguirlo. Esta actividad permite un sentido de pertenencia y responsabilidad hacia el mantenimiento de las normas que ellos mismos han establecido y acordado. (¡Esta sesión también es una gran oportunidad para hacer una lluvia de ideas sobre lemas para el equipo!)

- **Proporciona actividades de calentamiento divertidas:** En los entrenamientos, proporciona ejercicios de calentamiento divertidos y atractivos en grupos pequeños, que sean competitivos pero que fomenten la camaradería y la amistad entre los compañeros. Estos ejercicios de calentamiento tampoco tienen que estar necesariamente relacionados con su

deporte en particular. Mientras los jugadores calienten adecuadamente, sé creativo y permite que tu equipo se divierta.
- **Crea rituales de equipo:** Como ya se ha mencionado en este capítulo, los rituales pueden ser tan sencillos como darse la mano al principio y al final del entrenamiento, reunirse en círculo y cantar un lema del equipo antes de los partidos, o cantar una canción del equipo tras una victoria competitiva. Estos rituales de equipo fomentan el respeto, el sentido de pertenencia y la unidad del equipo.
- **Organiza un evento para unir al equipo:** Permitir que tu equipo se conozca fuera del campo de entrenamiento puede ser una forma estupenda de fomentar la cohesión del equipo. Organizar actos como cenas o actividades divertidas, como jugar a los bolos o al golf, puede ser una forma desenfadada de que tus jugadores estrechen sus lazos como equipo.

**Resolución de conflictos**

Esperemos que esto no ocurra a menudo. Sin embargo, si se produjera un incidente y fuera necesaria tu intervención, aquí tienes una guía de ocho pasos sobre cómo puedes ayudar a gestionar los conflictos cuando surjan entre tus atletas:

1. **Identifica el problema:** Empieza por identificar el conflicto o el asunto en cuestión. Escucha a todos los implicados y recaba información sobre la situación.
2. **Establece reglas básicas:** Define los límites del proceso de resolución de conflictos, enfatizando en la importancia de la comunicación respetuosa y la escucha activa. Asegúrate de que todos puedan expresar sus pensamientos y sentimientos sin interrupciones.
3. **Fomenta la comunicación abierta:** Promueve un entorno seguro y de apoyo que permita a los jóvenes atletas sentirse

cómodos planteando sus preocupaciones. Fomenta el diálogo abierto y asegúrate de que se escuchan todas las voces.
4. **Céntrate en las soluciones:** Desvía el enfoque de culpar o criticar para buscar soluciones constructivas. Hagan una lluvia de ideas juntos sobre posibles soluciones, haciendo hincapié en que es necesario ceder un poco para ayudar a resolver el problema.
5. **Busca puntos en común:** Identifica las áreas de acuerdo y los intereses comunes entre los actores implicados. Utilízalos como base para encontrar soluciones mutuamente aceptables.
6. **Desarrolla un plan de acción:** Una vez alcanzada una resolución, elabora un plan de acción claro en el que se describan los pasos que hay que dar para abordar el conflicto y evitar que se repita en el futuro. Asigna responsabilidades y fija los plazos necesarios.
7. **Seguimiento:** Haz un seguimiento con los actores implicados para asegurarte de que la resolución se aplique eficazmente y aborda cualquier preocupación o problema persistente. Continúa supervisando la situación y prestando la ayuda necesaria para evitar que surjan nuevos conflictos.
8. **Apoyo continuo:** Ofrece apoyo y orientación continuos a los deportistas implicados en el proceso de resolución de conflictos. Enfatiza la importancia de aprender de los conflictos y utilizarlos como oportunidades para el crecimiento personal y del equipo.

## AMISTADES COMPETITIVAS: RIVALIDADES SANAS

A veces las amistades pueden volverse muy competitivas. Esto puede ser emocionante y a la vez complicado. Es como caminar por la cuerda floja entre ser amigos y rivales mientras intentas divertirte y rendir correctamente en tu deporte.

Tomémonos un tiempo para considerar los pros y los contras de las rivalidades competitivas y luego exploremos algunas tácticas para manejarlas.

**Aspectos positivos**

- **Aumento de la motivación:** Cuando estás rodeado de amigos o compañeros de equipo que son a la vez competitivos y te apoyan, puede ser muy motivador. Cuando ves que lo hacen bien, eso puede empujarte a esforzarte más y a dar también lo mejor de ti. Este entorno positivo crea una sana competencia que alimenta tu deseo de mejorar tanto individualmente como en equipo.
- **Mejorar juntos:** Las amistades competitivas pueden ayudarte a mejorar tus habilidades técnicas y tus tácticas practicando juntos. El entrenamiento uno a uno les permite practicar movimientos específicos en los que quieran trabajar con una atención enfocada. Esto a menudo te proporciona una mayor cantidad de repeticiones que las que probablemente te permitan las sesiones de entrenamiento en equipo. Al ofrecerse retroalimentación constructiva y aprender de los puntos fuertes y débiles del otro, ambos mejorarán su capacidad atlética y rendimiento.
- **Experiencias compartidas:** Es probable que dentro de una amistad deportiva competitiva tú y tu amigo hayan experimentado algunos altibajos similares que conlleva ser atletas. Hablar de los desafíos y preocupaciones con tu amigo puede ayudar a reducir el estrés y proporcionar una salida para desahogar frustraciones, buscar consejos y recibir ánimos.

**Aspectos complicados**

- **Sentirse excluido:** A veces, ver triunfar a tu amigo o a tus compañeros de equipo puede hacer que te sientas un poco celoso o excluido, sobre todo si estás pasando un mal momento con tu propio rendimiento. Cuando esto ocurra, haz todo lo posible por dejar de lado estas emociones cuando estés cerca de ellos y simplemente alégrate de compartir su éxito.
- **Compararte:** Es habitual compararte con tu amigo y sentir que no eres lo suficientemente bueno. Pero debes intentar recordar que cada uno tiene sus puntos fuertes y está bien ser diferente. El viaje de cada persona es único y compararte con los demás puede ser perjudicial para tu autoestima y tu progreso. En lugar de compararte con tu amigo, concéntrate en tu crecimiento personal y en tus logros, reconociendo que cada persona progresa a su propio ritmo.
- **Luchas de amistad:** Cuando la competición se vuelve demasiado intensa, puede tensar la amistad. Pueden surgir discusiones y malentendidos, y eso no es divertido para nadie. Recuerda que su amistad debe ser una fuente de fuerza y apoyo, no de tensiones y conflictos. Encontrar un equilibrio entre ser competitivo y ser solidarios puede ayudar a garantizar que su amistad siga siendo fuerte, incluso frente a una competición intensa.

**Consejos para manejar las amistades competitivas**

- **Mantén la calma:** Haz todo lo posible por dar prioridad a tu relación y reconocer que los deportes y la competición son sólo un aspecto de sus vidas y que deben desempeñar un pequeño papel en su amistad. No dejes que esto te domine. Céntrense en divertirse y apoyarse mutuamente.
- **Háblenlo abiertamente:** Si las cosas empiezan a sentirse raras entre tu amigo y tú, háblalo. Sé sincero y respetuoso, y escucha también lo que él o ella tiene para decir. Hazle saber a

tu amigo lo mucho que su amistad significa para ti y que valoras su perspectiva. Conversaciones como ésta pueden ayudar a aclarar las cosas, reforzando el vínculo y evitando que asuntos menores se conviertan en problemas mayores.
- **Establece algunas reglas:** Acuerda algunas normas básicas con tu amigo para que las cosas sean justas y amistosas, sobre todo cuando entrenan o compiten entre ustedes. Por ejemplo, nada de insultos ni de comparar logros.
- **Sé tu propio héroe:** En lugar de intentar eclipsar a tu amigo, céntrate en ser la mejor versión de ti mismo. Fíjate objetivos personales y trabaja diligentemente para conseguirlos, independientemente de lo que haga tu amigo.

## RAFA Y ROGER: LOS MEJORES MODELOS DE AMISTAD COMPETITIVA

Rafael Nadal y Roger Federer son el ejemplo supremo de lo que debe ser una amistad competitiva. Comparten un vínculo tan fuerte que se ha acuñado el nombre "Fedal" cuando se habla de ellos dos juntos.

Han competido entre sí en muchos partidos de alto riesgo, incluidas varias finales de Grand Slam, donde la competición es intensa y la presión elevada. Sin embargo, su rivalidad competitiva siempre se ha quedado en la pista y nunca ha afectado a su amistad.

Nadal y Federer han hablado abiertamente sobre su admiración mutua por sus habilidades y logros. A menudo se han elogiado mutuamente su estilo de juego, su ética de trabajo y su deportividad. A pesar de su naturaleza competitiva, siempre se han apoyado y animado mutuamente en las victorias y en las derrotas.

A lo largo de los años, han disfrutado socializando en diversos eventos tenísticos, actos benéficos y han realizado múltiples entrevistas juntos, a menudo riéndose el uno del otro y haciendo gala de su amistad.

Uno de los momentos más icónicos que compartieron fue en 2022, cuando jugaron juntos en la Copa Laver. Roger había anunciado que ese torneo sería el último antes de retirarse. No hubo ni un ojo seco en la sala mientras el dúo se abrazaba varias veces, ambos visiblemente emocionados porque sería la última vez que competirían juntos.

Nadal y Federer han demostrado que una feroz competencia y la amistad genuina pueden coexistir. Su relación ilustra el verdadero espíritu de la deportividad y sirve de ejemplo inspirador para los jóvenes atletas de todo el mundo. Juntos han demostrado que la rivalidad puede impulsar la excelencia sin dejar de respetarse y valorarse como amigos.

## CAPÍTULO SIETE: TRES PUNTOS CLAVE EN LOS QUE DEBO TRABAJAR

Necesito:

_____

_____

_____

Cómo lo haré:

_____

_____

_____

Cuándo comprobaré mi progreso:

_____

_____

_____

# OCHO
# INVOLUCRAR LA FAMILIA

¿Cómo te iniciaste en tu deporte? ¿Quién te proporcionó las oportunidades, te animó cuando no estabas seguro y te pagó el uniforme y el equipo de entrenamiento? ¿Quién te llevaba y te traía de los entrenamientos, lloviera, granizara o estuviera soleado, sin vacilar ni quejarse?

Lo más probable es que la respuesta sea tus padres. Ellos son los que te proporcionaron la base de apoyo para que pudieras establecerte en esta pasión por el deporte que has llegado a abrazar. Ahora que eres mayor, la importancia de tu familia no disminuye. Es tan crucial ahora como lo ha sido siempre.

A medida que has ido madurando, la relación con tus padres se ha transformado de forma natural. Tal vez, en el pasado, sentías una oleada de orgullo cuando tu madre te animaba desde las gradas, pero ahora te resulta un poco embarazoso pensar en ello. A medida que avanzas en construir tu identidad, es natural que desees cierta independencia.

Sin embargo, la relación con tus padres sigue siendo una piedra angular de tu éxito deportivo. Cuando se cultivan relaciones fuertes y afectuosas con tu familia, se sientan las bases de la seguridad, la protección y la pertenencia. Como joven atleta, cuando te sientes querido y valorado como individuo eres menos vulnerable a las duras críticas o acciones de otras personas. Tu identidad sirve de ancla, por lo que la negatividad de los demás simplemente te resbala.

En este capítulo exploraremos cómo las personas más cercanas a ti -tu familia- desempeñan un papel crucial en la configuración de tu trayectoria como atleta. También exploraremos lo que tú y los miembros de tu familia pueden hacer para asegurarse de que el apoyo que recibas sea constructivo en lugar de restrictivo, fortalecedor en lugar de limitador y enriquecedor en lugar de asfixiante.

Te animo a que leas este capítulo junto a tus padres. Luego, conversen acerca de cómo podrían seguir trabajando juntos en tu desarrollo como atleta y como persona.

## LA COMUNICACIÓN CON TUS PADRES

A medida que te haces mayor, la comunicación con tus padres puede experimentar cambios significativos. Puede volverse más compleja e implicar discusiones más profundas sobre valores personales, objetivos futuros y cuestiones sociales. Aunque a veces esto puede dar lugar a malentendidos y conflictos, también brinda a tus padres y a ti la oportunidad de construir una relación más sólida y madura, basada en el respeto mutuo y en conversaciones abiertas y sinceras.

Aquí tienes dos formas de mejorar la comunicación con tus padres:

**Expresa tus sentimientos**

Comprender tus sentimientos es una parte importante para mantener el control de tus emociones y no agobiarte. Así que, en lugar de alejarte de tus padres, esfuérzate por reforzar tu comunicación con ellos.

A veces, las palabras que dices y el mensaje que reciben tus padres son muy diferentes. Digamos que tu madre se da cuenta de que estás de mal humor después del entrenamiento y te pregunta qué te pasa. Tú le respondes que no quieres hablar de ello y te pones a enviar mensajes en tu teléfono. Pero el mensaje que recibe tu madre es que no confías en ella lo suficiente como para hacerle confidencias y que prefieres contárselo a tus amigos.

Cuando hablas con tus padres sobre tu rendimiento, es fácil pensar: "¿Qué sabrán ellos?" o "Simplemente no lo entienden", sobre todo si no han practicado deportes. Aunque sea así, no descartes el valor de sus otras experiencias de vida y el simple hecho de que te conocen y te quieren. Esto por sí solo es increíblemente valioso, porque su perspectiva puede aportar sabiduría y orientación que quizá no sean evidentes de inmediato. Su apoyo puede reconfortarte y tranquilizarte, ayudándote a superar los retos físicos y emocionales relacionados con tu condición de atleta. Así que no dudes en compartir tus sentimientos con ellos; su atención y su perspectiva pueden ser decisivas en tu trayectoria deportiva.

**Escucha**

Escuchar a tus padres no significa seguir irreflexivamente sus consejos o estar de acuerdo con todo lo que dicen. Se trata de ser respetuoso, tener la mente abierta y estar dispuesto a aprender.

Cuando tus padres te hablen, deja el teléfono o cualquier otra distracción y préstales toda tu atención. Mantén el contacto visual y escucha activamente para demostrarles que valoras lo que tienen que decir.

Aunque no siempre estés de acuerdo con el punto de vista de tu madre o de tu padre, intenta mantener la mente abierta. Recuerda que ellos buscan lo mejor para ti y pueden ofrecerte ideas o consejos valiosos basados en sus propias experiencias.

No dudes en hacer preguntas si necesitas aclaraciones. Esto demuestra que estás implicado en la conversación y deseoso de aprender de su sabiduría.

Hazles saber a tus padres que aprecias su apoyo y orientación. Un simple "gracias" puede ayudar mucho a fortalecer la relación y animarlos a seguir ofreciendo su ayuda.

Cuando tus padres te ofrezcan retroalimentación o críticas constructivas, tómate un tiempo para reflexionar acerca de ello. En lugar de ponerte a la defensiva, considera su punto de vista y cómo puedes utilizar su aporte para mejorar como atleta y como persona.

## EL RINCÓN DE LOS PADRES: COMUNICACIÓN Y APOYO

A veces, minimizar la experiencia negativa de tu hijo puede ser tentador, como decirle algo como: "No ha sido tan malo" o "Ya ha pasado, así que olvidémoslo". Pero cuando impides que tu hijo sienta o se apropie de sus emociones, le impides comprenderlas y aprender a manejarlas.

Así que, por favor, anímalo a hablar de sus sentimientos en lugar de distraerlos o ignorarlos. Escucha con empatía y valida sus sentimientos con frases como: "Eso suena muy duro" o "Ya veo lo decepcionado que estás". Este tipo de escucha activa demuestra a tu hijo que sus sentimientos son válidos e importantes. Trabaja con él en una lluvia de ideas y busquen juntos soluciones a los problemas a los que se enfrentan. Este enfoque no sólo reforzará su vínculo, sino que también capacitará a tu hijo para desarrollar su resiliencia emocional y sus habilidades para resolver problemas, esenciales para su bienestar general y su éxito tanto en el deporte como en la vida.

**Equilibrar el estímulo y la presión**

Encontrar el equilibrio entre el estímulo y la presión como padre de un deportista puede ser todo un desafío. El estímulo ofrece refuerzo positivo y apoyo. Es motivador y alimenta la autoeficacia del niño. La presión tiene el efecto contrario. Es cuando presionas demasiado, haces demasiado énfasis en la importancia de ganar y no le das a tu hijo espacio para respirar. Esto conduce a la ansiedad, la infelicidad y el agotamiento.

Una diferencia clave es que el estímulo se basa en el esfuerzo y la mejora, mientras que la presión suele basarse en los resultados.

Una frase alentadora podría ser: "Sal ahí fuera y da lo mejor de ti. Ganes o pierdas, estoy aquí para apoyarte".

Por el contrario, una afirmación que induzca presión podría ser: "Sé que puedes hacerlo; hoy necesitamos de verdad esta victoria. Asegúrate de jugar al máximo y consigue la victoria".

Los comentarios alentadores son constructivos, y establecen oportunidades de crecimiento, mientras que los comentarios que provocan presión tienden a ser negativos, y su aceptación está condicionada al rendimiento. Es tu responsabilidad utilizar tu voz y tus acciones para aliviar, en lugar de agravar, las dificultades de ser un estudiante-atleta y proporcionar el sistema de apoyo alentador que tu hijo necesita.

Aquí tienes algunas formas de encontrar el equilibrio adecuado entre estímulo y presión:

- Haz hincapié en la importancia de disfrutar del deporte.
- Nunca compares a tu hijo con nadie.
- Ayuda a tu hijo a llevar una vida equilibrada, que incluya estudiar, socializar y descansar.
- Anima a tu hijo a automotivarse, a fijarse objetivos y a tener un alto nivel de exigencia personal.
- Predica con el ejemplo y motiva en él su espíritu deportivo, especialmente cuando lo veas competir.
- Celebra su esfuerzo y no sólo su éxito.
- Respeta los límites de tu hijo; no te vuelvas autoritario ni controlador.
- Sé un defensor del entrenador de tu hijo; no critiques sus decisiones delante de él.

**El entorno familiar de apoyo**

Los jóvenes deportistas deben tener un hogar seguro y que les apoye. Allí es donde pueden recargarse física y emocionalmente tras intensas sesiones de entrenamiento y competiciones. En su entorno familiar, los atletas deben sentirse libres para expresarse, compartir sus triunfos y desafíos, y recibir el apoyo inquebrantable de su familia.

A continuación se indican formas en las que las familias pueden implicarse en el entrenamiento y la competición de un deportista de forma solidaria y positiva:

- **Presencia:** Las familias pueden crear un entorno de apoyo estando presentes durante las competiciones y celebrando los logros del deportista, independientemente del resultado competitivo. Estar presentes en partidos, encuentros o torneos transmite un poderoso mensaje de ánimo y confianza en sus capacidades. Esto ayuda a aumentar la confianza y la motivación del deportista, sabiendo que su familia le apoya en todo momento. Dedicar tiempo a entablar conversaciones significativas después del partido demuestra al joven deportista que la implicación de su familia va más allá de la mera asistencia a las competencias y se extiende a un nivel más profundo de compromiso con sus esfuerzos deportivos.
- **Ofrecer apoyo logístico:** Las familias pueden ayudar con los aspectos prácticos del entrenamiento y la competición, como el transporte de ida y vuelta a los entrenamientos, la organización del equipo y la coordinación de horarios. Este apoyo puede reducir estrés tanto del deportista como de la familia en su conjunto.
- **Apoyar los objetivos nutricionales:** Una nutrición adecuada es crucial para el rendimiento deportivo y la recuperación. Los familiares pueden asegurarse de que el joven atleta tenga acceso a comidas y bocadillos nutritivos que apoyen su régimen de entrenamiento y competición. Esto también incluye desalentar y/o limitar las opciones de

comida rápida poco saludable después del entrenamiento o del partido.

- **Ofrecerse como voluntarios:** Como padres, ofrecer su tiempo para ayudar no sólo a su hijo, sino también al club en el que juega, demuestra lo implicados que están en su trayectoria. Las funciones de los voluntarios pueden incluir cualquier tipo de tareas, desde ser responsables del equipo para ayudar a garantizar que se cumplan todas las tareas administrativas y los requisitos del día del partido, hasta echar una mano en la gestión de la cantina del club.
- **Ayudar a evaluar los rendimientos y las técnicas:** Los padres pueden desempeñar un papel importante en la evaluación de los rendimientos y las técnicas del joven atleta. Esto puede consistir en observar sus sesiones de entrenamiento y proporcionar retroalimentación inmediata, o en sentarse juntos a analizar una actuación completa. En este último caso, es conveniente dejar que su hijo tome la iniciativa en el análisis. Anímenle a identificar tanto los puntos fuertes como las áreas de mejora en su actuación. Para facilitar esto, podrían hacerle preguntas que inciten a la reflexión, como: "¿Qué notas en la posición de tu cuerpo?" o "¿Qué crees que podrías hacer mejor la próxima vez?". Este enfoque fomenta la autoevaluación y la resolución de problemas, permitiéndoles desarrollar una conciencia más profunda de los aspectos técnicos y tácticos de su actuación antes de ofrecerle retroalimentación adicional.
- **Fomentar el equilibrio:** Los jóvenes atletas deben equilibrar el deporte y otros aspectos de su vida, como los estudios y las actividades sociales. Las familias pueden ayudar animando al joven atleta a priorizar adecuadamente su trabajo escolar programando regularmente tiempo para estudiar entre el entrenamiento y la competición. Además, animar al deportista a pasar tiempo de calidad con sus amigos o a practicar pasatiempos no relacionados con el deporte puede ser una forma estupenda de desestresarse y recargar pilas, tanto física

como mentalmente, lejos de los rigores de su calendario deportivo.
- **Comunicarse con los entrenadores:** La comunicación abierta entre las familias y los entrenadores es esencial para el desarrollo de un joven atleta. Como padre o madre, intenta establecer relaciones positivas con los entrenadores, intercambiando opiniones y hablando de los progresos y objetivos de tu hijo.

## HERMANOS

Crecer con hermanos es como tener mejores amigos incorporados que te acompañarán para toda la vida. El vínculo que compartes con ellos es único, lleno de recuerdos compartidos, bromas internas y una profunda comprensión mutua que sólo se consigue creciendo juntos.

Cuando se trata de tu trayectoria como atleta juvenil, los hermanos pueden ser tus mayores animadores, tus competidores más duros y tus apoyos más confiables. Su presencia constante hace que los altibajos del deporte sean más agradables y significativos, ayudándote a convertirte en el mejor atleta -y persona- que puedas ser.

Éstas son algunas de las fantásticas formas en que tus hermanos pueden ayudarte a desarrollar tu capacidad de recuperación como atleta:

- **Desarrollo de habilidades:** Tener hermanos en casa proporciona oportunidades frecuentes para practicar tus habilidades fuera de las sesiones de entrenamiento del equipo, ya sea después de clase, los fines de semana o durante la temporada baja. Pueden ofrecerte valiosos comentarios y observaciones sobre tu rendimiento, añadiendo otra perspectiva a tu desarrollo como atleta. También hay muchas oportunidades para discutir con entusiasmo y detalle tus actuaciones, lo que te permite probar cosas nuevas o refinar habilidades específicas.

- **Superar los límites:** Cuando existe una sana rivalidad entre hermanos, el aspecto físico del entrenamiento con un hermano puede ayudar a desarrollar el mismo tipo de resiliencia física y mental que se necesita durante la competición. Más que tus amigos y compañeros de equipo, los hermanos tienen una capacidad única para superar tus límites. A menudo puedes encontrarte siendo "educado" cuando se trata de entrenar con amigos o compañeros de equipo, y quizás contenerte un poco porque esas personas son tus amigos. Sin embargo, cuando entrenas con un hermano puedes poner a prueba tus límites. La cortesía desaparece y ¡empieza el juego! Esta dinámica puede permitirte desarrollar la ventaja competitiva necesaria para triunfar en tu deporte.
- **Mentores:** Si tienes un hermano mayor que también practica deporte, puede servirte de excelente modelo, demostrando trabajo duro, dedicación y un buen espíritu deportivo. Los hermanos con experiencia también pueden dar consejos sobre cómo tratar a los entrenadores, las rutinas de entrenamiento y cómo compaginar el deporte con otras responsabilidades.
- **Apoyo emocional:** Cuando se comparte un estrecho vínculo entre hermanos, a menudo puede ser una de las personas (si no la primera) a la que acudas en busca de apoyo emocional. Los hermanos también tienen un don para hacer críticas de forma que puedan suavizar el golpe debido a la naturaleza compasiva y confiable de la relación. Cuando tienes cerca a alguien con quien te sientes seguro abriéndote y cuyos comentarios son fáciles de asimilar, te ayuda a desarrollar tu fortaleza mental. Esta relación de apoyo te permite afrontar los desafíos y contratiempos con mayor resiliencia, sabiendo que tienes una fuente confiable y constante de aliento y consejos constructivos.

## CONCILIAR EL DEPORTE Y LA VIDA SOCIAL: UN ASUNTO FAMILIAR

Equilibrar tus compromisos deportivos con tu vida social, como ir al cine y salir a cenar, puede ser un desafío. Para que funcione, necesitarás el apoyo y la participación de tu familia.

Como cada aspecto de una familia exitosa, todo comienza por una buena comunicación. Comparte con tu familia tus horarios, compromisos y planes sociales. Siéntense juntos y decidan qué debes priorizar y cómo podrían hacer para que todo funcione.

Los horarios deportivos a veces pueden volverse locos, sobre todo durante los grandes eventos o las temporadas de mucho trabajo. Trabaja con tus compañeros para establecer límites claros en torno a tus actividades deportivas y sociales para asegurarte de no excederte en ninguna de ellas. Prioriza las tareas escolares y el autocuidado sin dejar de dedicar tiempo a las cosas que te gustan.

Incluso con tu apretada agenda, esfuérzate por hacerte un tiempo para las actividades familiares. Ya sea una excursión de fin de semana, una noche de cine o simplemente pasar el rato en casa, esos momentos juntos son valiosos y se convertirán en recuerdos que atesorarás durante años. Nunca subestimes el valor de este tiempo compartido y lo significativo que será para tus padres y hermanos a medida que crezcas.

Serena Williams es un excelente ejemplo de atleta que ha corregido el desequilibrio en su vida deportiva y social. Serena se ha enfrentado a desafíos tanto dentro como fuera de la cancha. A lo largo de su carrera, ha experimentado periodos de agotamiento y ha luchado por equilibrar las exigencias del tenis profesional con su vida personal. A pesar de las críticas y los contratiempos, Williams ha aprendido con el tiempo a dar prioridad al autocuidado y a equilibrar su carrera, su familia y sus intereses fuera del tenis.

Otro famoso deportista que conoce el valor de la familia es David Beckham. Al principio de su relación, la superestrella del fútbol inglés siempre encontraba tiempo para alejarse de su ajetreado programa de entrenamiento y pasar tiempo con su novia, y ahora esposa, Victoria. Desde que se convirtió en padre, David también ha dado prioridad al tiempo con su familia. En una entrevista centrada en su vida como padre, Beckham subrayó la importancia de "estar presente" cuando pasa tiempo con su familia. Afirmó que lo que más aprecia es ir de excursión, así como jugar, y simplemente estar juntos lejos de cualquier otra distracción.

Al crear un equilibrio armonioso entre tus ambiciones deportivas, el trabajo escolar y el tiempo de calidad con tu familia y amigos, cultivarás un entorno y un estilo de vida bien equilibrados. Este enfoque te ayudará a mantener los pies en la tierra, a centrarte en lo que más importa, y no sólo te conducirá a un éxito deportivo sostenido, sino que también alimentará tu felicidad general.

Recuerda que el verdadero éxito no consiste sólo en destacar en el deporte, sino en encontrar la alegría, la satisfacción y la realización en cada aspecto de tu vida, y en compartir esos momentos con quienes más te quieren y te apoyan.

## CAPÍTULO OCHO: TRES PUNTOS CLAVE EN LOS QUE DEBO TRABAJAR

Necesito:

_____

_____

_____

Cómo lo haré:

_____

_____

_____

Cuándo comprobaré mi progreso:

# TIEMPO COMPLETO

Este libro no ha hecho nada para mejorar directamente tus habilidades físicas. No te ha enseñado a marcar triples, a taclear o a hacer goles. En cambio, nos hemos enfocado en algo mucho más poderoso: las cualidades que están debajo de la superficie.

Es como un iceberg. La parte que ves son las habilidades que muestras durante la competición. Pero es lo que hay debajo lo que realmente define tu éxito.

¿Cuáles son esas cualidades?

Es lo que hemos explorado en cada capítulo de este viaje:

**Una mentalidad de crecimiento:** Aceptar la adversidad, aprender de los errores y creer en tu capacidad para mejorar: de eso están hechos los campeones. Con una mentalidad de crecimiento, no eres sólo un jugador, sino un atleta en constante evolución, preparado para conquistar cualquier desafío.

**Resiliencia:** Piensa en la resiliencia: el poder de recuperarse de los desafíos y emerger aún más fuerte. No se trata sólo de tus habilidades;

se trata de la fuerza interior que define a un verdadero atleta y campeón.

**Perseverancia:** La perseverancia es la determinación de seguir adelante cuando las cosas se ponen difíciles. Tus habilidades son un testimonio de tu duro trabajo, pero es tu perseverancia la que te llevará hacia la grandeza.

**Positividad:** Una actitud positiva convierte los desafíos en oportunidades. Tus habilidades brillan más cuando están alimentadas por la positividad y la confianza en ti mismo.

**Mantener la concentración:** Las distracciones pueden ser obstáculos, pero mantener la concentración agudiza tus habilidades. Tu capacidad de concentración eleva tu rendimiento dentro y fuera del campo.

**Superar la adversidad:** La vida, como los deportes, puede ser impredecible. Hemos explorado cómo la superación de obstáculos forja el carácter y la fuerza. Tus habilidades no son sólo para ganar, sino para levantarte más fuerte después de cada caída.

**Fijación de objetivos:** Establecer objetivos claros da dirección a tu trayectoria deportiva. Tu capacidad para fijar y perseguir objetivos es lo que convierte el potencial en logros.

**Confianza en ti mismo:** Tus habilidades son impresionantes, pero es la creencia inquebrantable en ti mismo lo que te impulsa hacia adelante. Siempre has tenido el potencial; ahora tienes la mentalidad para igualarlo.

Estas habilidades han sentado las bases de tu excelencia atlética. Sigue trabajándolas como lo harías con un músculo, y te darán la fortaleza mental que necesitas para sobresalir en la competición.

Pero harán más que eso.

Las habilidades de fortaleza mental que hemos explorado en este libro te garantizarán que los contratiempos de la vida no te derriben; sólo te harán más fuerte. Recuerda que una mentalidad de crecimiento no es sólo para los deportes, es una mentalidad para la vida, en la que los desafíos se convierten en emocionantes oportunidades de crecimiento. Es una mentalidad que puede guiarte en cualquier tarea que decidas emprender.

Así que, mientras sigues perfeccionando estas habilidades mentales, recuerda que también son herramientas para convertirte en el individuo resiliente, centrado y seguro de sí mismo que aspiras a ser tanto dentro como fuera del campo.

Sin embargo, incluso con todas las habilidades de fortaleza mental que hemos estado desarrollando, no puedes hacerlo todo tú solo.

No eres una isla.

Recuerda la importancia de un entorno de apoyo. Tus entrenadores, mentores, familia, compañeros de equipo y amigos son tus animadores y guías. Desempeñan un papel crucial en el desarrollo y el mantenimiento de tu resiliencia mental. Cuando tienes un sistema de apoyo a tu alrededor, los desafíos se vuelven más fáciles de afrontar y tus objetivos más alcanzables. Así que no dudes en apoyarte en ellos, aprender de ellos y dejar que su apoyo te impulse hacia nuevas alturas. Junto con tu fortaleza mental y su guía inquebrantable, no hay límite para lo que puedes lograr.

...Ahora, antes de despedirnos, quiero ser sincera contigo.

En este libro, has aprendido las habilidades de fortaleza mental más poderosas para los atletas. Pero el mero hecho de conocerlas no te ayudará a mejorar.

Ahora te toca a ti **aplicarlas**.

Verás, la gran mayoría de las personas que compran libros de superación personal como éste suelen leerlos con entusiasmo, están de acuerdo en que deberían poner en práctica los consejos y luego... ¡no hacen absolutamente nada!

Pero tú no eres como ellos, ¿verdad?

Sé que eres diferente. Eres un joven atleta con hambre de crecimiento y desarrollo personal.

Así que aquí está el desafío: toma lo que has aprendido y haz que forme parte de tu vida diaria. Cuando entres en el campo, lleva tu mentalidad positiva, tu perseverancia y tu concentración. Cuando surjan desafíos, afróntalos de frente con resiliencia y determinación.

Y no te olvides del poder de la autorreflexión. Es como mirar a tu mente en el espejo. Tómate tiempo para pensar en tus experiencias, tus éxitos e incluso tus reveses. ¿Qué puedes aprender de ellos y cómo puedes mejorar?

La constancia es la clave. Así como entrenas tu cuerpo con regularidad, entrena también tu mente. Practica estos ejercicios de fortaleza mental como si fueran parte de tu rutina de calentamiento. Se convertirán en algo natural, y no sólo te convertirán en mejor atleta, sino también en mejor persona.

Con dedicación, práctica y una mentalidad positiva, puedes superar cualquier desafío y desarrollar tu máximo potencial.

Tu camino hacia la grandeza comienza ahora.

Sal ahí fuera, sueña a lo grande, trabaja duro y ¡conviértete en el campeón absoluto que naciste para ser!

*El éxito está en el esfuerzo.* -J. Cole

# DESPUÉS DEL JUEGO

Mi objetivo con este libro es hacer que convertirse en un joven atleta resiliente sea accesible para todos. Todo lo que hago parte de esa misión. Y la única forma de conseguirlo es llegar a... bueno... ¡todo el mundo!

Ahora que tienes todo lo que necesitas para convertirte en un joven atleta resiliente (o en un padre o entrenador más informado), es hora de transmitir tus nuevos conocimientos y mostrar a otros lectores dónde pueden encontrar la misma ayuda.

Al dejar tu sincera opinión sobre este libro en Amazon, estarás guiando a otros jóvenes atletas hacia las herramientas y consejos que necesitan para prosperar. Tu reseña puede inspirar a otros a descubrir las mismas estrategias, motivación y fortaleza mental que tú has adquirido en estas páginas.

El espíritu de resiliencia se mantiene vivo cuando compartimos nuestras experiencias y conocimientos. Ayúdame a difundir estos valiosos conocimientos y palabras de aliento a quienes más lo necesitan.

Tu reseña podría ayudar a...

...un joven atleta más a encontrar su fuerza interior.

...un jugador más a recuperarse de un partido difícil.

...un compañero más a mantener su motivación.

...un joven más haga realidad sus sueños.

Escanea el código QR que figura a continuación, o dirígete a la página de Amazon donde adquiriste este ejemplar para dejar tu reseña

Gracias por tu apoyo,

Carol Robins.

# BIBLIOGRAFIA

Australian Open TV (Director). (30 de enero, 2022). *Rafael Nadal v Daniil Medvedev full match (Final) | Australian Open 2022.* https://www.youtube.com/watch?v=6I06-ITW88k

Blackwell, L. S., Trzesniewski, K. H., & Dweck, C. S. (2007). Implicit theories of intelligence predict achievement across an adolescent transition: A longitudinal study and an intervention. *Child Development, 78*(1), 246–263. https://doi.org/10.1111/j.1467-8624.2007.00995.x

Chengelis, A. S. (29 de junio, 2020). *For 34 years, Greg Harden has been Michigan student-athletes' 'miracle worker'.* Consultado el 13 de Junio de 2024, de https://www.detroitnews.com/story/sports/college/university-michigan/2020/06/30/greg-harden-has-been-michigan-student-athletes-miracle-worker/3278576001/

Cox, D., Dr (9 de enero, 2023). Reasons to keep a training journal. *Impact Magazine*, (Inspiration Issue), 90. https://issuu.com/impactmagazinecanada/docs/impact-inspiration-issue-2023-digital/90

Cristiano Ronaldo. (s.f.). *Wikipedia.* https://en.wikipedia.org/w/index.php?title=Cristiano_Ronaldo&oldid=1223310848

De Caux, J. (Director). (2024). *Together: Treble Winners* [Film]. Netflix. https://www.netflix.com/title/81733186

Gao, Z., Chee, C. S., Norjali Wazir, M. R. W., Wang, J., Zheng, X., & Wang, T. (2024). The role of parents in the motivation of young athletes: A systematic review. *Frontiers in Psychology, 14*, 1291711. https://doi.org/10.3389/fpsyg.2023.1291711

Golden State Warriors Stephen (23 de diciembre 2022). Curry Reads his Pre-Draft Scouting Report [Video]. Facebook. https://www.facebook.com/warriors/videos/227997500248845/

Horowitz, D. (10 de febrero, 2021). *How Tom Brady Overcame Adversity To Be a 7x Super Bowl Champion.* Consultado el 13 de junio de 2024, de https://medium.com/@david.horowitz/how-tom-brady-overcame-adversity-to-be-a-7x-super-bowl-champion-3ed98acfea67

Hurford, M. (3 de febrero, 2021). *Gratitude journals for sport.* Consultado el 20 de Mayo de 2024, de https://consummateathlete.com/how-a-gratitude-journal-gets-you-through-athletic-slumps-best-practices/

Inc. (Director). (28 de septiembre, 2017). *An Olympic gold medalist shares her secret to overcoming negative self-talk.* https://www.youtube.com/watch?v=uBWGfYatMLY

InnerDrive Team. (s.f.). *9 powerful ways Olympians develop resilience | Inner-Drive.* https://www.innerdrive.co.uk/blog/9-ways-develop-resilience/

Johnson, S. S. (2021). The science of teamwork. *American Journal of Health Promotion, 35*(5), 730–732. https://doi.org/10.1177/08901171211007955a

Jowett, S., Poczwardowski, A., Denver, U. of, & Arthur. (2007, January). Understan-

*ding the Coach-Athlete Relationship*. Researchgate. https://www.researchgate.net/publication/232506356_Understanding_the_Coach-Athlete_Relationship

Karthikeyan, R. (13 de marzo, 2021). *"Conscious breathing": Novak Djokovic reveals the secret behind his greatest clutch performances*. EssentiallySports. https://www.essentiallysports.com/tennis-news-atp-conscious-breathing-novak-djokovic-reveals-the-secret-behind-his-greatest-clutch-performances/

Kegelaers, J., & Wylleman, P. (2019). Exploring the coach's role in fostering resilience in elite athletes. *Sport, Exercise, and Performance Psychology, 8*(3), 239–254. https://doi.org/10.1037/spy0000151

Lindsay, R., Spittle, M., & Larkin, P. (2019). The effect of mental imagery on skill performance in sport: A systematic review. *Journal of Science and Medicine in Sport, 22*, S92. https://doi.org/10.1016/j.jsams.2019.08.111

Marks, B. (8 de junio, 2013). *Resilience in sport*. Believe Perform - The UK's Leading Sports Psychology Website. https://members.believeperform.com/resilience-in-sport/

Martínez-Gallego R., & Molina, D. C. (2019). The influence of non-verbal body language on sport performance in professional tennis. *ITF Coaching and Sport Science Review, 79*(27), 25-27. https://doi.org/10.52383/itfcoaching.v27i79.83

Mazanec, R. (2023, May 19). *What are sports rituals and do they make you play better?* https://www.ncsasports.org/blog/the-benefit-of-sport-rituals

Morehead, J. (19 de junio, 2012). Stanford University's Carol Dweck on the growth mindset and education. *OneDublin.Org*. https://onedublin.org/2012/06/19/stanford-universitys-carol-dweck-on-the-growth-mindset-and-education/

Nicks, P. (Director). (2023). *Stephen Curry: Underrated* [Film]. Apple TV+ Press. https://www.apple.com/tv-pr/originals/stephen-curry-underrated/

Nien, J.-T., Wu, C.-H., Yang, K.-T., Cho, Y.-M., Chu, C.-H., Chang, Y.-K., & Zhou, C. (2020). Mindfulness training enhances endurance performance and executive functions in athletes: An event-related potential study. *Neural Plasticity, 2020*, 1–12. https://doi.org/10.1155/2020/8213710

Nussbaum, A. D., & Dweck, C. S. (2008). Defensiveness versus remediation: Self-theories and modes of self-esteem maintenance. *Personality and Social Psychology Bulletin, 34*(5), 599–612. https://doi.org/10.1177/0146167207312960

Rice, S. M., Treeby, M. S., Olive, L., Saw, A. E., Kountouris, A., Lloyd, M., Macleod, G., Orchard, J. W., Clarke, P., Gwyther, K., & Purcell, R. (2021). Athlete experiences of shame and guilt: Initial psychometric properties of the athletic perceptions of performance scale within junior elite cricketers. *Frontiers in Psychology, 12*, 581914. https://doi.org/10.3389/fpsyg.2021.581914

Sariati, D., Zouhal, H., Hammami, R., Clark, C. C., Nebigh, A., Chtara, M., Hackney, A. C., Souissi, N., Granacher, U., & Ounis, O. B. (2021). Association Between Mental Imagery and Change of Direction Performance in Young Elite Soccer Players of Different Maturity Status. *Frontiers in Psychology, 12:665508*, 1-9. https://doi.org/doi.org/10.3389/fpsyg.2021.665508

Shepherd, Dr. I. (s.f.). *Effective Debriefing—Guided Performance Review*. SimConHealth. https://www.monash.edu/__data/assets/pdf_file/0004/1654222/Effective-Debriefing-with-Guided-Performance-Review-2017.pdf

Shuffler, M. L., Diazgranados, D., Maynard, M. T., & Salas, E. (2018). Developing, sustaining, and maximizing team effectiveness: An integrative, dynamic perspective of team development interventions. *Academy of Management Annals, 12*(2), 688–724. https://doi.org/10.5465/annals.2016.0045

Sporting Bounce (2 de mayo, 2023). *Gratitude journals for sport*. Consultado el 20 de mayo, 2024, de https://www.sportingbounce.com/blog/gratitude-journals-for-sport

Stephen, F. A., Ermalyn, L. P., Yasmin, M., B., Louise, L. J. D., & Juvenmile, T. B. (2022). A voyage into the visualization of athletic performances: A review. *American Journal of Multidisciplinary Research and Innovation, 1*(3), 105–109. https://doi.org/10.54536/ajmri.v1i3.479

Supporting Champions (Director). (26 de septiembre, 2023). *Sophia Jowett on the coach-athlete relationship*. https://www.youtube.com/watch?v=AcszyQcDMbs

Taylor, R. D., Collins, D., & Carson, H. J. (2021). The Role of Siblings in Talent Development: Implications for Sports Psychologists and Coaches. *Frontiers in Sports and Active Living, 3*(626327), 1-7. https://doi.org/10.3389/fspor.2021.626327

Tennis TopShots (Director). (25 de noviembre, 2021). *Rafael Nadal & Roger Federer | the greatest rivalry in tennis—Breakdown of h2h and friendship (P1)*. https://www.youtube.com/watch?v=jrLl-XmqDpA

WatchMojo.com (Director). (29 de abril, 2021). *Top 10 most fascinating sports rituals ever*. https://www.youtube.com/watch?v=dxUwz5DqYAI

Wilson, L. (28 de julio, 2015). Positive self-talk for your athletes. *Coaches Toolbox*. https:// www.coachestoolbox.net/mental-toughness/positive-self-talk-for-your-athletes

Yodi, P. (8 de julio, 2024). *David Beckham on Balancing Career and Fatherhood: Exclusive Interview Insights*. Consultado el 10 de August de 2024, de https://fatherhood channel.com/ 2024/07/08/david-beckham-on-fatherhood/

www.ingramcontent.com/pod-product-compliance
Lightning Source LLC
Chambersburg PA
CBHW072012070526
44583CB00015B/1446